陆英 / 著

育心行

——"大德育"视域下的
校本育人实践

上海人民出版社

序

　　培养什么人、怎样培养人、为谁培养人是教育的根本问题。2017 年 5 月，习近平总书记主持召开中央全面深化改革领导小组第三十五次会议指出，要全面贯彻党的教育方针，坚持社会主义办学方向，全面落实立德树人根本任务，构建以社会主义核心价值观为引领的大中小幼一体化德育体系。2024 年 5 月，习近平总书记对学校思政课建设作出重要指示，强调"要坚持以新时代中国特色社会主义思想为指导，全面贯彻党的教育方针，落实立德树人根本任务，坚持思政课建设与党的创新理论武装同步推进，构建以新时代中国特色社会主义思想为核心内容的课程教材体系，深入推进大中小学思想政治教育一体化建设"。习近平总书记关于教育的重要论述深刻回答了培养社会主义建设者和接班人的时代课题，也为新时代新征程上推进"大德育"视域下大中小学思想政治教育一体化建设高质量发展指明了前进方向。

青少年阶段是人生的"拔节孕穗期"，最需要一体贯通地、循序渐进地精心引导和栽培，要用社会主义核心价值观教育学生，引导他们扣好人生的第一粒扣子，更要善于将"大德育"之"盐"溶入学校教育、社会教育之"汤"。从构建大中小幼一体化德育体系，到统筹推进大中小学思政课一体化建设、推动"大思政课"建设，再到深入推进大中小学思想政治教育一体化建设，充分体现党和国家对一体化协同育人的一脉相承和与时俱进。

临港新片区是上海推进改革开放和创新发展的重要载体之一，寄托着习近平总书记的深切厚望。在浦东新区全面深化教育领域综合改革示范区的引领下，临港新片区的教育事业也承担着更为特殊的使命。区域内有上海海事大学、上海海洋大学、上海电力大学、上海电机学院、上海建桥学院等高校，也有建平教育、明珠教育、华东师范大学教育、上海师范大学教育，以及上海中学东校教育等集团的优质基础教育学校，还有中国科学院微小卫星创新研究院、上海中国航海博物馆、上海天文馆、红

色泥城主题馆等富有特色的研究和实践场所，这些都为大中小学思想政治教育一体化建设提供了优质的资源和平台。

本书以上海市临港第一中学、上海市浦东新区建平临港中学为主要研究样本，以案例分析的形式展现临港新片区深入推进大中小学思想政治教育一体化建设的主要理念、深刻内涵、育人载体、方式方法和初步成效，鲜活立体，生动形象，读者能够直观地感受到临港新片区一体化协同育人在共建思政"金课"、共享育人资源、共育思政队伍等方面有着鲜明特色和广阔空间。

我所工作过的上海海事大学，始终坚持开门办思政，深入挖掘航运物流海洋领域特色资源，携手临港新片区中小学校资源共享、共同发展，我们与陆英校长也一起开展了一些工作。一是发挥专业优势，探索航运特色鲜明的新片区大中小学思想政治教育一体化工作模式。与临港中小学联手开发"儿童大学"智慧课程"向南极进发""向深海进发"，让中小学生在"沉浸式体验"中通过学习航海历史、航海知识，树立正确的人生观、价值观。二是注重各学段有效衔接，构建新片区大中小学思想政治教育一体化工作机制。与办实事重点发展项目有机结合，实施新片区思政一体化工作清单化管理，制定并定期更新"服务临港地区中小幼项目清单"。三是构建校内外育人共同体，提升师生扎根新片区的意识和能力。学校形成了"人工智能科普体验夏令营""创意艺术夏令营""临港中小幼啦啦操嘉年华"等育人新阵地，师生扎根临港新片区的决心和信心也进一步增强。这些工作理念与实践内容在本书中都有不同方面的呈现。

深入推进"大德育"视域下大中小学思想政治教育一体化建设，只有进行时，没有完成时。本书生动展现了临港新片区"大德育"视域下大中小学思政一体化建设的育人实践，是一次有益的探索。我们将同广大教育同仁一起擘画更大的育人同心圆，以思想政治教育的高质量发展浇灌青少年理想之花，奋力书写人民满意的教育答卷。

是为序。

上海海事大学原校长

2024 年 6 月

目录

学校管理篇

赓续红色基因，
润泽蓝色文化，
培育时代新人

　　上海市临港第一中学全面学习贯彻习近平新时代中国特色社会主义思想和党的二十大精神，落实党和国家的教育方针、国家与上海中长期教育改革和发展规划纲要，围绕立德树人根本任务，学校始终坚持"润泽海洋文化，滋养师生生命"的办学理念，以调动学生的道德主体性发展为主线，积极拓宽德育渠道，完善德育实践体系，构建校家社"三位一体"育人格局，努力加强德育队伍建设，提高教师育德能力，在生态浸润中、在真实教育中、在自主体验中锤炼学生品格，促进学生德育生长。同时，临港一中作为学区牵头学校，依托临港新片区教育联盟，积极推动"大德育"视域下大中小学思想政治教育一体化建设，切实提高德育成效，培

养有理想、有本领、有担当的新时代好少年。学校先后荣获"上海市家庭教育示范校""浦东新区心理健康教育示范校"等称号,为浦东新区教育领域综合改革示范区建设提供了强有力的支撑。

一、确立"一心二点三层"德育目标,
全力培养时代新人

学校全面落实立德树人根本任务,设计了重点突出、层次分明、一以贯之的"一心二点三层"德育目标,"一心"即以社会主义核心价值观为中心;"二点"即"知"与"行"两个立足点;"三层"即学校德育目标的三个层次:培育信念、养成习惯、塑造人格。学校把培养有理想、有本领、有担当的新时代好少年作为育人工作的出发点和落脚点,全面引领学校德育工作实践。

(一)以社会主义核心价值观为中心,实施价值引领

社会主义核心价值观既体现了社会主义本质要求,继承了中华优秀传统文化,也吸收了世界文明有益成果,体现了时代精神,是党和国家最持久、最深层的力量。学校以落细、落小、落实社会主义核心价值观为德育目标,要求通过采取符合学生能力和兴趣实际的教育内容和活动形式,对正

处于"拔节孕穗期"的学生进行政治认同、国家意识方面的教育引导，引导学生理解和践行社会主义核心价值观。

（二）唤醒德育自觉，深耕知行合一的实践体系

学校尊重学生主体性，强调以知行合一作为德育实践目标；强调在德育过程中，不仅要注重知识的传授，更要重视实践行动的落实，以及情感体验的融入，以实现德育效果的最大化。学校开展调动学生主动性的德育活动设计与实践，引导学生自觉、自主地参与德育过程，充分进行道德认知、体验、实践，从中学会自我认识、自我控制、自我管理，形成道德内化。同时强调建立全方位、开放式的道德实践场域与平台，将学生日常生活及道德发展与社会最大对接，让学生在广阔的实践中获得体验，表现在行为上，转化为自觉的道德践行，进而提升道德品质。

（三）细化德育三层次目标，促进立德树人落地落实

培育信念是学校德育目标的第一个层次，它是学校德育的基础目标，必须从小培养学生树立肩负民族复兴大任的理想、坚定社会主义信念，培养学生爱党爱国爱人民，增强国家意识和社会责任意识，教育学生理解、认同和拥护国家政治制度，树立正确的世界观、人生观、价值观和荣辱观，形成高尚的道德品质。学校德育目标的第二个层次是养成习

惯，培养学生具有良好的行为习惯，要从德、智、体、美、劳方面入手，促进学生养成遵纪守法、遵守规则的意识和行为习惯及健康生活习惯。塑造人格是学校德育目标的第三个层次，要引导学生树立正确的审美观念、陶冶高尚的道德情操、塑造美好心灵。

二、构建"红蓝"德育内容体系，涵养家国情怀

教育即生长，育德的本质在唤醒。学校不断优化以政治认同、家国情怀、文化自信、品德修为、人格养成为重点的德育内容体系，结合学校海洋文化特色，形成了"红蓝"德育内容体系，配上更为具象化的课程内容，把德育融入学生日常生活的点滴中，唤醒学生道德发展的潜能。

（一）夯实"红"的底色，淬炼爱党爱国坚定信念

落实红色主题教育，培养对党的政治认同、价值认同，是新时代立德树人的要求和使命。学校将红色基因传承落实在亲身体验中感悟红色精神，包括革命精神的爱国传承、长征精神的信念传承、航天精神的奋斗传承、改革创新精神的担当传承等。开展以红色主题教育为主线的理想信念教育，践行红色精神的具体内涵，如坚定信念、艰苦奋斗、自强不

息。通过走进红色基地，讲红色故事，践行红色精神等系列活动，引导青少年传承红色基因，夯实"红"的底色，筑牢理想信念之基。

1. "领巾心向党"，把思政教育贯穿始终

"培养什么人，是教育的首要问题。"我们要培养的是社会主义建设者和接班人，这就意味着，育人的每一个环节都必须加强思政工作。学校从开学季到休业式，从日常的行为规范教育到爱国主义等专题教育，都坚持将思政教育贯穿办学始终，把思政教育融入教育教学全过程，实现全员育人、全程育人、全方位育人。

每学期初，学校都会举行"领巾心向党，幸福向未来"等为主题的开学典礼暨开学思政第一课活动，让同学们深入了解党领导中国人民取得的成就，感受上海、临港新片区的飞速发展和我们生活的日新月异，从中汲取奋进的力量。

2. "人生三部曲"，让学子在红旗下成长

青年有志，薪火相传。在实现中华民族伟大复兴的征程上，中国共产党是先锋队，中国共产主义青年团是突击队，中国少年先锋队是预备队。入队、入团、入党，是青年追求政治进步的"人生三部曲"。为加强对青少年的思想引领，促进学校共青团组织的队伍建设，引导青年团员坚定理想信

"领巾心向党，幸福向未来"开学思政第一课

新团员入团宣誓

念,激发青年团员的责任感与使命感,学校每年都会适时举办简朴而庄重的入团仪式,激励每位团员努力学习、积极向上,充分发挥团员模范带头作用。

3. "大手牵小手",大中小学同上一堂思政课

习近平总书记在党的二十大报告中指出:"用社会主义核心价值观铸魂育人,完善思想政治工作体系,推进大中小学思想政治教育一体化建设。"临港新片区有多家幼儿园、中小学和高校,共同构成了资源丰富、联动紧密、特色鲜明的学区教育矩阵。为了创新思政课教学形式,强化大中小学生的思想价值引领和家国情怀教育,使不同年龄段学生在同一课堂上汲取奋进力量,临港一中积极推动大中小学同上

大中小学同上
一堂思政课

　　一堂思政课落地见效，多次举办同上一堂思政课活动。在以
"讲好中国特色社会主义政治制度故事"为主题的思政课上，
临港区域三个学段、四所学校的老师一同精心备课，呈现了
一节真正以学生为主体的思政课。在这堂大思政课上，学生
通过表演情景剧，生动"再现"了第一届中国人民政治协商
会议上代表们参政议政的场景，动情、传神的表演让在场大
中小学生深受感动，让大家更深刻地理解了协商民主是保障
人民当家作主的重要实现形式，也更加直观地感受到中国
共产党领导的多党合作和政治协商制度具有无可比拟的制度
优势。

　　临港新片区大中小学同上一堂思政课，既是落实浦东新
区大中小学思政课一体化工作和共建协议的又一重要举措，

也是临港新片区大中小学思政课一体化建设的最新成果。

（二）增强"蓝"的亮色，孕育海洋强国远大理想

1. 坚持特色办学理念，丰富海洋文化育人内容

东海之滨，滴水湖畔，临港一中在"一带一路"倡议的源点上海，在改革开放的又一前沿阵地临港新片区，积极弘扬海洋文化。学校以"润泽海洋文化，滋养师生生命"为办学理念，通过海洋文化校本课程的开发实施，坚持将海洋文化融入办学治校的各个环节。

面对"双新"（遵循新课程标准、使用新教材）时代的到来，作为浦东新区项目化学习实验校，临港一中立足"海洋文化"办学特色和临港新片区独特地理位置与资源优势，以项目化学习的实践和研究为着力点，从课堂教学实际出发，开展了一系列项目化学习实践，推动了具有本土特点的项目化学习在课堂中实践、落地。比如：在"海绵校园我来建"项目中，孩子们走进上海电力大学和上海临港海绵城市展示中心，翻阅设计工程图、实地了解蓄水模块系统、生态多孔纤维棉、荧光透水混凝土的工作原理以及雨水花园的构造等。"环湖景观桥中数学几何美的发现"这个项目设计，就来源于孩子们对滴水湖畔七座"网红"景观桥中蕴含着哪些数学几何图形的疑惑。通过实地考察，感受其中蕴含的数学图形、空间结构和设计理念，吸引大家关注和欣赏身边真实

情境中的数学美，打开了学生学习数学的兴趣之窗。"临港海域的生态明天"项目，立足海域生态环境和生物变异内容，提出了"百年后临港海域会不会出现怪物？"这一驱动性问题，教师引导学生们在自主学习和解决问题的过程中，培养提出问题和解决问题的能力、团队协作能力、创新思维能力、沟通和表达能力。

2. 营造海洋文化氛围，开展海洋文化节系列活动

在长期历史发展进程中，文化成为一个民族的基因，建构着这个民族的精神气质，涵育着人们的精神世界。习近平总书记指出："文化自信，是更基础、更广泛、更深厚的自信，是一个国家、一个民族发展中最基本、最深沉、最持久的力量。"我国既是一个陆地大国，也是一个海洋大国，因此，进一步培育学生的海洋意识，营造浓厚的海洋文化氛围，是新时代推进海洋强国建设的重要任务。

学校坚持举办海洋文化节系列活动，中国航海博物馆"乘风越海——人民海军向前进"等系列课程，让同学们深入感受人民海军从浅滩走向黄海，再从黄海走向深蓝，放眼辽阔海疆，大国舰阵威武雄壮，这一从无到有，从弱到强的艰辛历程，也激励了同学们心往大海、扬帆起航的志气。"海洋文化节 LOGO 设计大赛""我的海洋电子书""我是海洋小小代言人""亲子创意绘画"等活动，促进学生了解海洋、认

识海洋、热爱海洋，有效培育了海洋意识，传播了海洋文化，并鼓励学生立志投身海洋事业。

3. 加强学区资源联动，增强海洋实践育人实效

临港新片区有着丰富的海洋文化教育实践资源，如上海海事大学、上海海洋大学等高校，中国航海博物馆等文博场所，临港一中充分发挥学区教育联盟联动机制的作用，建立健全大中小学思想政治教育一体化、馆校合作等机制，努力加强学区资源联动，增强海洋文化实践育人实效。

学校通过组织学生登上我国第一艘远洋渔业资源调查船"淞航"号，将德育课堂开到了船上，开到了海上。同学们近距离接触了测控雷达、锚机等航海设施设备，也对渔业拖网、金枪鱼延绳钓等的灯光系统以及海底泥质沙质探测、水样抽滤提取等仪器有了了解，这不仅是思政课形式的创新，更能站在现场回望国家的发展，感悟历史，领略百年"淞航"的海洋梦想，感悟一代代"海洋人"接续奋斗的精神。

学校还组织学生参加"小小科学诠释者"等中国航海博物馆的馆校合作项目，科普海洋环境保护、船舶历史发展、海上台风的威胁，以及3D打印技术、钢化玻璃的原理等，同学们用现场实验、小品表演、图文展示说明等方式普及海洋知识、诠释海洋文化、弘扬海洋精神，增强实践体验，拓

学生登上"淞航"号远洋渔业资源调查船

展视野。

（三）彰显"新人"成色，培育民族复兴强国一代

1. 聚焦学科育人，培育核心素养

学科德育是全面落实社会主义核心价值观和中华优秀传统文化教育的有效途径，学校充分挖掘学科学习中的德育要素，将具体学科知识链接生活实际，从学科教育走向学科育人，由散点育人到系统架构学科德育体系，进而帮助学生更好地认识世界、认识自然、认识自我，促进指向学生发展核心素养目标的全面达成。临港一中坚持以文化人、以文育

非遗项目进校园课程体验活动

人，积极弘扬中华优秀传统文化，培育健康向上的校园文化。学校组织非遗项目进校园课程体验活动，让广大学生进一步感悟中华优秀传统文化的精神内涵，自觉延续文化基因，增强文化自信；同时学校将传统文化纳入课堂教学，既丰富了学生们的校园文化生活，又提升了学生们的民族自豪感和文化认同感，也更好地促进了优秀传统文化的传承和弘扬，让文化的种子浸润在学校的沃土中，在青少年的心中生根发芽。

2. 重视劳动教育，挖掘育人价值

习近平总书记强调："要教育孩子们从小热爱劳动、热

爱创造。"劳动创造幸福，奋斗成就梦想，劳动是一切幸福的源泉。接受劳动教育不仅能获得劳动技能、养成劳动习惯，更能磨炼意志品质、培养责任担当，进而形成正确的世界观、人生观、价值观。从这个意义上说，劳动教育具有树德、增智、强体、育美的综合育人价值，是学生成长的必要途径。

临港一中顺应劳动育人的时代要求，主动谋划、积极行动，在劳动教育进课堂、进课程、进家庭、进社区、进基地"五进"和"全景式"劳动教育理念下，形成课程完善、资源丰富、模式多样、机制健全的劳动教育体系，积极培育"德智体美劳"全面发展的时代新人。学校组织开展"劳动最光荣"手抄报创意制作、"美好生活，劳动创造"短视频制作、"我劳动我光荣，我创造我幸福"家庭劳动实践体验、"园艺+"劳动实践等，同时加大对劳动模范和先进工作者的宣传力度，讲好劳模故事和身边的劳动故事，弘扬劳动最光荣、劳动最崇高、劳动最伟大、劳动最美丽的校园风尚，让同学们发现劳动的价值与美丽。

3. 体验职业生涯，树立规划意识

为引导学生树立职业理想，提高创新能力和实践能力，临港一中充分利用临港新片区周边资源，组织学生来到南汇新城法庭、中国航海博物馆、上海天文馆以及临港派出所、

上海鲜花港劳动教育实践基地启动仪式

"园艺+"劳动实践育人课程

"模拟法庭"社团成员在南汇新城法庭开展职业体验

消防队、科技学校等单位开展职业体验，帮助学生了解职业岗位、认识职业角色、培养职业兴趣、培养团队合作精神、提高动手和实践能力。通过相关职业体验，同学们初步形成了职业生涯规划的意识，有助于同学们树立正确的就业观、职业观和劳动价值观。

4. 探索研学之旅，铺就"行走课堂"

研学旅行是行走的德育课程，具有综合育人价值。学校已形成了以海洋文化、科技创新为主线，人文历史、红色传承为辅线的研学旅行活动课程，开展中国航海博物馆、洋山深水港、西昌卫星发射基地、太原卫星发射基地、中国科学院微小卫星创新研究院、成都研学之旅等，以学生为主体，

学生在西昌卫星发射基地研学

让学生走向大自然、走向科技场馆、走向文化遗产地，开展自主学习、合作学习、实践学习、体验学习，充分发挥校外教育的育人作用，培养对国家和社会的责任和担当意识。

5. 完善心理健康，健全人格养成

学校坚持育人本位，以"五环"行动为载体，聚焦"五育"融合促进学生心理健康，通过"五环相扣护身心，五育融合润心灵""心理健康教育活动季"，引导学生增强调控心理、自主自助、应对挫折、适应环境的能力，培养学生健全的人格、积极的心态和良好的心理品质。

总之，学校通过学思践悟新思想、新理念，锚定促进学生全面健康发展、提升师生校园生活幸福感为目标，不断提

高教师队伍的思想政治素质和育德能力。另外，临港一中还作为学区牵头校，携手区域内 11 所中小学校，积极开展区域德育大实践，努力构建校家社协同和全员、全程、全方位的育人大格局，推进校内外资源大整合，打造共享式、跨学科、实践化的"大德育"课程体系，引导青少年争做有理想、有本领、有担当的时代新人。

立德树人，
培根铸魂，
以"大思政"促"大德育"

上海市浦东新区建平临港中学坚持学习贯彻习近平总书记关于教育的重要论述，不断提高教师队伍思政育人能力和水平，持续推进学生思想政治素质稳步提升。建平临港中学坚持立德树人根本任务，以为党育人、为国育才为根本目标，坚持把思想政治教育放在"生命线"战略地位，坚持把"培根铸魂"作为内容主线，积极推动"大德育"视域下大中小学思想政治教育一体化建设，不断深化"大思政"工作内涵，以"大思政"促"大德育"，通过理念引领、文化浸润、体系建构、师能提升来聚焦核心素养，厚植家国情怀，涵养育人智慧。学校遵循"合格＋特长""规范＋选择"的建平育人模式，秉承"让每一朵浪花同样澎湃"的办学理

念，以"追求积极的变化"为校训，营造"厚德、求实、创新"的校风，"崇德、敬业、惟新"的教风，"博识、乐学、思辨"的学风，坚持把学生幸福人生作为终极目标，培根铸魂，启智增慧。

一、赓续红色血脉，永葆初心本色

（一）学思践悟开启新征程，学习贯彻党的二十大精神

党的二十大是在全党全国各族人民迈上全面建设社会主义现代化国家新征程、向第二个百年奋斗目标进军的关键时刻，召开的一次十分重要的大会。党的二十大为教育事业指明了方向，明确了为党育人、为国育才的使命。因此，作为教育工作者，我们应当将党的二十大精神作为学校思想政治教育和课堂教学的重要内容，推动党的二十大精神进教材、进课堂、进头脑，给青少年讲好党的二十大精神，补足理想信念之"钙"，增强时代认知、坚持"四个自信"、明确奋斗方向。

建平临港中学党支部以"学习宣传贯彻党的二十大精神，做立德树人先锋""七个一"主题教育为载体，带领广大师生共同学习，联系实际，利用课程思政和思政课程建设形成了学习党的二十大精神的火热局面，并将理论学习融入学

"党的创新理论宣讲团"进校宣讲

校发展的新阶段、新征程，与临港发展同频共振，努力打造校园理论学习新高地，踔厉奋发、勇毅前行，奋力开创学校发展新局面。

（二）赓续百年初心，担当民族复兴大任

习近平总书记强调："爱国主义是我们民族精神的核心，

纪念一二·九运动主题讲党史故事比赛

是中华民族团结奋斗、自强不息的精神纽带。"崇高的爱国情操使人们愿意为了祖国的繁荣富强奋斗终身，为了捍卫祖国的独立和尊严而奉献出自己最宝贵的生命。千百年来，爱国主义精神深深根植于中华儿女心中，维系着中华大地上各民族的团结统一，激励着一代又一代中华儿女为祖国繁荣发展而自强不息、不懈奋斗。

为进一步弘扬爱国主义精神，建平临港中学以纪念一二·九运动为契机，组织开展了讲党史故事比赛、唱红歌比赛、参观红色场馆等主题活动，帮助学生们学习贯彻践行社会主义核心价值观，树立正确的历史观、民族观、国家观、文化观。同时，也激励了学生们学习革命先辈的光辉事迹，加深爱党、爱国、爱社会主义的朴素情感。这些爱国主义主题活动，不仅丰富了校园文化，也深刻激励鼓舞全体建平临港中学的学生们铭记历史，传承红色基因，努力实践，感悟成长智慧。

（三）高举"五四"火炬，建功时代发展

习近平总书记在纪念五四运动 100 周年大会上的讲话中指出："五四运动，孕育了以爱国、进步、民主、科学为主要内容的伟大五四精神，其核心是爱国主义精神。爱国主义是我们民族精神的核心，是中华民族团结奋斗、自强不息的精神纽带。"时光走过百余年，五四精神不曾褪色，激励着

"高举五四火炬　建功时代发展"活动现场

我们奋进新时代、新征程。

青春因磨砺而出彩，人生因奋斗而升华。新时代中国青少年们要继承和发扬五四精神，坚定理想信念，站稳人民立场，练就过硬本领，始终保持艰苦奋斗的精神状态，在实现中华民族伟大复兴中国梦的新征程上奋勇前进。学校通过举行"扣好人生第一粒扣子　做新时代好少年""高举五四火炬　建功时代发展"等系列主题教育实践活动，同学们以朗诵、啦啦操、合唱、舞台剧及课本剧等形式纪念五四运动，激励和动员全体少先队员、党团员教师继承和发扬"爱国、进步、民主、科学"为主要内容的伟大五四精神，全面展现青少年和青年教师奋发进取的精神风貌。

二、厚植家国情怀，彰显时代担当

（一）积极政治参与，展现青少年风采

党的二十大报告指出，全过程人民民主是社会主义民主政治的本质属性，是最广泛、最真实、最管用的民主。青少年积极参与社会主义民主政治实践，赋能青年声音、青年视角，从而让全过程人民民主的理念在青少年心中生根发芽。

在中国人民政治协商会议上海市浦东新区第七届委员会第三次会议"建设大美浦东，打造国际文化大都市核心承载区"专题协商会议上，浦东新区政协首次邀请青少年代表在

张梁瑾萱同学参与浦东新区政协会议并交流发言

全会专题会议上进行发言，我校张梁瑾萱同学有幸受邀作为幸福观察员代表参与了此次大会并作交流发言。这让我们的学生深刻体会到了全过程人民民主的生动实践，也体会到了"两会"不仅仅关系大人，也关系广大青少年。因此，在红旗下成长的青少年们要继续深化民主参与，用自己的实际行动，为全过程人民民主贡献青春之力。

（二）弘扬宪法精神，培育法治文化

宪法是国家的根本大法，为全面建设社会主义现代化国家、全面推进中华民族伟大复兴提供坚实保障。加强青少年宪法法治教育，关系法治中国建设的进程，责任重大，至关重要。

为深入学习贯彻习近平法治思想，增强师生的宪法意识，弘扬宪法精神，维护宪法权威，全面推进普法、学法、守法工作，学校积极开展法治文化建设，在全校营造学习宪

法知识、弘扬宪法精神、维护宪法权威的浓厚氛围。每年 12 月积极开展"宪法宣传周"系列教育活动。在校内，通过"宪法晨读"活动、"弘扬宪法文化，建立法治社会"主题班会和宪法知识挑战赛等活动，不断增强全校师生法治观念，使宪法精神深入人心；学校还成立了"模拟法庭"社团，为学生提供一个学习法律知识，提高识别能力，培养团队合作能力和法治观念的一个良好的平台，让学生更好地理解和运用法律知识，提高自己的综合素质和人文素养。在校外，学

"宪法晨读"活动

学生到南汇新城人民法庭"沉浸式"参加普法教育

校还组织学生前往南汇新城人民法庭这个"沉浸式"普法学习的"活课堂",通过实地参观、现场讲解、模拟庭审等形式,"零距离"感受、"沉浸式"参加普法教育,接受法治熏陶,根植法治观念。

(三)增强国防意识,强军强国有我

每年9月的第三个星期六是全民国防教育日,其设立的目的是弘扬爱国主义精神,普及国防教育,使全民增强国防观念,掌握必要的国防知识和军事技能,自觉履行国防义务,关心、支持、参与国防建设。新时代的青少年生逢盛世、朝气蓬勃,是祖国的希望和未来,加强国防教育有助于进一步培育青少年的国家意识、国家安全认知、忧患意识。

国防教育专题课

学校通过国旗下讲话、主题班会、专题教育、防空疏散演练等，积极开展国防教育专题系列活动，带来真切生动的国防知识教育，让广大师生了解设立全民国防教育日的目的、防空警报试鸣的意义、人民防空的重要任务以及国防防空的重要价值意蕴，激励大家用军队的纪律规范自己的行为，强健身体，多做对国家、对社会、对人民有益的事。

三、铸牢文化底蕴，坚定文化自信

习近平总书记强调："在新的起点上继续推动文化繁荣、建设文化强国、建设中华民族现代文明，是我们在新时代新的文化使命。"文化铸魂，润物无声。有文化自信的民族，立得住、站得稳、行得远。新时代以来，文化传承发展呈现出新的气象、开创了新的局面，中华文明更加光彩夺目，中国人民更加自信、自立、自强，文明古国阔步迈向文化强国。学校通过深入挖掘文化内涵，拓展内容形式，创新活动方式，使学生们在广泛参与中丰富文化体验、感悟文化精髓、坚定文化自信。

（一）树立海洋意识，弘扬海洋文化

习近平总书记强调："向海之路是一个国家发展的重要途径。"向海而兴、向海图强。我国是一个海洋大国，海洋

第二届海洋科技文化艺术节闭幕式

资源丰富，海洋开发与利用的历史悠久。中华民族在深入海洋开发的过程中，开辟了海上丝绸之路，孕育了灿烂的中华海洋文化。海洋文化是中华民族文明中具有独特标识的部分，是中华儿女探索海洋的智慧结晶，将为中华民族现代文明建设提供重要的思想指引。

为了增强学生的海洋意识，学校积极开展海洋文化节来丰富学生的精神世界。通过海洋生物手工、船模制作、零件绘画和剪纸艺术等活动，不仅培养了青少年以海强国的自觉意识，还增强了其维护海洋权益的责任感和使命感。同时，借助传统与新兴媒体的合力，大力营造了感知海洋和亲近海洋的浓厚氛围。

（二）浸润生命成长，建设校园文化

以文化人，以文育人，必须注重文化浸润、感染、熏陶，既要重视显性教育，也要重视潜移默化的隐性教育，既以理服人，又以情感人。校园文化建设是实现"文化育人"的重要途径之一，是服务学校高质量发展的重要组成部分。学校以办学理念为引领、以学生为主体、以育人为导向，推进校园环境的"硬件"建设和服务学生的"软件"建设，营造独具特色、彰显魅力的校园文化，达到以校园文化熏染、以文化人的实效。

学校物质文化是校园文化建设的基础，也是校园文化的重要载体。学校充分利用板报、走廊、墙壁等一切可以利用的媒介空间，使学生浸染在校园文化的氛围之中，自觉养成优雅文明的行为习惯。此外，为丰富校园文化，培养创新精神，增强实践能力，学校还举办了海洋文化节 LOGO 设计比

亲子诵读比赛

赛、"想唱就唱，我最闪亮"校园歌手大赛、亲子诵读比赛等活动。通过这一系列活动，营造良好的学习氛围，创建良好的校园文化，开创和谐教育新局面。同时，学校以"合格＋特长""规范＋选择"的办学模式，遵循"让每一朵浪花同样澎湃"为办学理念，以"追求积极的变化"为校训，将校园文化建设渗透于学校的教学、教研、管理、生活及校园活动的各方面，构建起多层面的育人大环境，多途径加强校园文化建设，使校园文化建设迈上新台阶，为提升教育教学质量提供坚实的支撑。

总之，作为建平教育集团成员校，我们始终坚守为党育人、为国育才的初心使命，带领全体教师凝心聚力，踔厉奋发，围绕学校高质量发展这个首要任务，营造出全员、全程、全方位的德育新生态，为学生美好未来奠基，辐射带动临港基础教育高质量发展。

坚守初心，
凝聚合力，
"三四制"赋能学生发展

上海市临港第一中学充分借助临港新片区这个广阔的平台，充分融合临港地区海洋科创等地域资源，架构了海洋科创的德育课程体系，结合学生身心发展实际，将家国情怀的培育与社会大课堂结合，切实落实"立德树人"根本任务，以课程思政为抓手，关注学生的实践体验与感悟，不断完善学校、家庭、社会"三位一体"的育人网络，努力探索学校德育工作的新思路、新方法、新途径，提高学校德育工作的针对性和实效性。

一、三类课程，赋能学生全面发展

课程是学校德育工作的重要载体。学校不断优化基础型课程，积极探索、开发拓展型课程和探究型课程，充分发挥三大类课程的育德功能。确立了"海纳百川，融合创城"为特性的海洋文化特色课程理念，初步形成了海之声——人文素养类、海之韵——体育健身类、海之魂——科技创新类、海之魅——实践体验类等一系列"海洋文化"课程体系；构架了六年级——文明海洋、七年级——智慧海洋、八年级——环保海洋、九年级——探索海洋的课程框架。针对各年级学生的特点，确定各年级的德育目标，构成了六年级到九年级"宽容—自信—创新—奋进"的德育系列。

二、"四节"活动，丰富学生的精神内涵

作为拓展型课程的组成部分，"四节"活动课程以"海洋文化节""科技艺术节""体育节""阅读节"为主要内容，着眼于满足学生不同方向与不同层次的发展需要，适应社会多样化的需求，力求每一位学生的个性得到充分、自由、和谐的发展。每年一届的"四节"活动本着主体性、综合性、实践性、探究性、互动性、序列性原则定期举行。以"四节"活动为主线，学校多方挖掘资源，为学生搭建平台；带学生走出校园参观体验，不断提升学生素养；把专家请进来开设讲座，开阔学生视野；开设多彩社团，申报各类项目，带领学生探究学习，培养学生兴趣，增强学生能力。

以 2023 年海洋文化节为例，学校举办"海之歌"唱诵比赛、"海洋环境保护"知识竞赛、海洋主题"百米画布"创意绘画、"海洋生物、海洋环境"调查报告、郑和下西洋路线图手抄报制作、"彩虹鱼"基地参观、水手结制作、"科考在南极"创意模型制作以及各类海洋知识讲座等。教师们精心组织、耐心指导，学生们踊跃参与、展现自我，家长们积极配合、亲子互动。

同时学校通过积极开设各类社团，如"七彩海星"啦啦操社团、"海之声"红领巾广播社团、旗语操社团、"海之韵"书法社团、"扬帆"诗社、"金海豚"管乐队、"海之歌"合唱团等，给学生提供温馨的心灵空间、增进学生身心健康、助力学生综合素质的提高；通过浦东新区未来科学之星培养计划之科学家进校园项目，让学生与科学家零距离接触，通过科学大讲堂、学生走进科研院所实践研学等形式，让学生亲身体验和感受科学的魅力，加强科学探究，提升科学素养。

"四节"活动突出学生的主体地位，将学生置于真实的生活情境中，以学生的实践为主线开展序列活动。重视学生在实践中体验，在体验中发现，让学生在探究性情境中去创造性地建构直接经验。引导学生发现问题，设计解决问题的方案，并尝试解决问题。根据活动需要，设计同一主题情境下的多个子活动，形成序列性的"主题包"。多种多样的活动形式，增强了活动过程的趣味性、实效性，更能发挥育人的整合功能。

三、三位一体，携手培育卓越少年

（一）院校合作，共生共赢

作为上海科创中心主体承载区和开放创新先行示范区，临港正着力打造"国际智造城"和"滨海未来城"，引进了许多高校及研究所，这些丰富的资源促进了本地区基础教育的发展。目前学校已和临港地区"两海两电一桥"等几所大学及中国航海博物馆建立了长期的合作关系。借助南汇新城教育发展联盟牵头组织的"儿童大学"项目的推进，临港地区各大学的实验室成了一体化教学的实践课堂。学生能充分利用区域优势资源开展形式多样的学习和实践活动，如参观深渊科学技术研究中心"彩虹鱼"基地，了解中国自己的深海潜器研究等。学校也定期邀请各大院校的专家教授走进校园，为学生开设讲座，帮助本校教师一起合作开发校本课程。

（二）家校合作，家长"出彩"

为了融合学校办学理念和学生家长的专业知识、对学校教育的独特理解，学校借势临港新片区的蓬勃发展，引领家长"出彩"。

1. 出彩家长的职业表现为学生树立"一个"榜样

学校学生家长大多是为了临港新片区这片热土的开发、建设而引进的各行各业的人才，他们大多就职于学校周边的五所大学、中国航海博物馆、医院、高科技企业等各大企事业单位。尤其是从事科创、海洋、海运等方面工作的家长，他们充分发挥自己的专业优势为学生开设"家长课程"，如"水下仿生机器人""走进深海——跟着潜水艇进入深海""北太平洋公海渔业资源管理""寻找爱之语，为情感账户存款""国家安全与船舶护航"课程，同时走进课堂为学生开设"智能3D打印""scratch编程""能力风暴机器人""智能小车""创客物联网"等拓展课程，让学生接触到科技前沿的知识和信息，在学生的心中播下更多科学种子，培养了学生的科学意识，提升了学生的创新能力，提高了学生的科学素养。

家长在各自的岗位兢兢业业工作，利用自己的聪明智慧、创新探究、团结合作把工作做得有声有色，学生耳濡目染，受到了很好的浸润，家长出彩的职业表现为孩子的成长树立了良好的榜样。

2. 出彩家长参与学校海洋文化特色"两课"建设

临港新片区践行国家战略，为海洋文化的传承与创新带来好机会。学校抓住这一大好机会，在大局中谋发展，在整合区域特色资源与家长职业资源基础上，引导家长参与学校海洋文化特色"两课"建设，即：课题建设、校本课程建设。

学校积极申报浦东新区"核心素养理念下'少年大学'海洋文化校本课程建设研究""以海洋文化引领家长参与校本课程建设与实施研究"等多项课题，以课题为抓手，引导家长参与到课题研究及校本课程的开发、资源挖掘、课程管理中，通过开展以海洋为主题的家长沙龙活动、以感受海洋特性为主题的亲子活动、以航运历史为题材的海洋博物馆体验活动、家长撰写教育案例、家长参与校本课程内容的编写等形式，多渠道、多途径地向家长渗透家庭教育的作用、方法、策略，已经探索出具有海洋文化特色的家校合力教育长效工作机制。迄今为止，学校已与家长共同开发了"科考在南极""中国航运史""海洋探秘""海洋民俗文化""他们与海""活力帆板""旱地冰球""智慧3D打印""海上搜救无人机"等校本课程，深受学生们的喜爱。

3. 出彩家长配合"三管"齐下的学生生涯启蒙教育

学校开展定期"走进父母职业"亲子系列活动。利用家长职业的多样性，开展各种主题教育活动及实践体验活动，以引起家长的重视，引导家长正视孩子的职业生涯规划教

育，指导家长如何对孩子进行相关教育，将家庭教育与学生职业生涯教育结合起来，并形成了"家长走进教室——感知职业""学生走出校门——理解职业""学生走进职业——实践体验"的"三管"齐下良好活动机制。

通过家长职业的介绍与经验分享及学生的实践体验，学生不仅体会到父母工作的辛苦，还对不同的职业有更全面的了解与认识。从而将职业生涯教育渗透到学生的学习及生活中，让学生受到潜移默化的职业影响和教育。

4. 家庭教育参与三全育人的分层赋能特征

在推进三全育人方面，学校工作具有如下三方面特征：一是分层递进性。根据不同年龄阶段的学生认知、思维、接受能力和认知水平不同的特点，对不同年级的学生进行教育目标、教育方式和教育内容的分层设计，开展有针对性、逐渐提升层级的活动。二是家长赋能性。充分发挥"出彩"家长的榜样示范作用，起到"一个人牵手一个家庭，几个家庭带动整个班级"的作用，提高"出彩"家长的赋能效果，扩大带动全体家长进行参与式三全育人活动，从而达到提升每一位学生的道德素养、学习能力和社会责任感的效果。三是全面健康导向性。学校通过专家及心理教师的讲座、微课、家长会、家长学校、班主任家访等途径引导家长正确冷静地对待学生每一个年龄段成长过程中出现的种种问题，切实关心孩子的心理健康、身体健康和学习能力等各方面问题，让学生在家校共同关注和协力关心下健康快乐成长。通过开展"出彩"家长系列活动，家长的家庭教育理念得到了更新，家庭教育的能力得到了提高，亲子关系更加融洽，家庭氛围更加和谐。

学校不断培养学生善良正直、谦虚谨慎、乐观豁达的道德素养，塑造学生执着勇敢、宽容大气、热情奔放的性格特点，提升学生积极进取、自由创新、追求真理的思想境界，学生的综合素养得到了全面地提升。学校学生在国家、市、区、镇等创意编程比赛、机器人比赛、阳光体育大联赛、帆船锦标赛、旱地冰球比赛、朗诵比赛、古诗文竞赛、作文竞赛、暑期读书系列活动、科普诗词大会、绘本比赛、法治抖音比赛等各级各类比赛中屡获佳绩，同时在各级各类评奖活动中屡获殊荣。

课程育人，
耕心铸能
——以"海洋文化"特色活动课程为载体

核心素养是一个人在面对和解决复杂问题时的综合性表现，是关键能力、必备品格和价值观念的整合。临港一中秉持"润泽海洋文化，滋养师生生命"的办学理念和"海纳百川，自强不息，开拓创新"的学校精神，通过海洋文化特色活动课程的实施，让学生在活动中去实践和体验，培育自立自强、自信创新的精神内涵，促进学生综合素养全面提升。

一、海洋文化特色活动课程的实施目标

（一）规划课程建设，提升课程领导力

我们融合学校原有积淀、区位优势以及资源基础，科学

规划学校课程体系，实施以"海洋文化"为特色的创新课程，构建目标明确、结构清晰、内容多样、实施有效、评价多元的课程体系。我们以"海洋文化"活动课程为载体，通过活动课程的实施，将海洋科学知识和海洋人文知识渗透到活动中，培养学生契合海洋人文教育的合作精神、创新精神、自信精神以及进取品质，有效提升学校课程领导力，推进学校内涵可持续发展。

（二）关注创新三要素，提升学生创新素养

21世纪教育的重点，是培育下一代在当今世界取得成功所需要的、更深入学习的素养和能力，建立思辨性思维、合作、沟通及创造性地解决问题、分析问题的能力。

有学者认为，创造力是在特定的社会环境下，通过创造力相关技能、领域相关技能和内部动机的交互作用而产生的。创造力不仅取决于个体相应的能力，还需要社会环境的强力支持，而社会环境则是通过内部动机间接对创造力产生影响。学校作为育人的场所，通过活动课程的实施，可以让学生在外因和内因的相互作用下获得促使其终身学习和发展的学习能力和品质；在学习方式改变的过程中，拓宽学习空间和途径，在各种新情境中学习新知识，并运用所学知识解决问题、创造出新意义与新知识，实现心智的灵活转换。

二、"海洋文化"特色"四节"活动课程实施框架

在海洋文化特色引领下，临港一中构建了以"海洋文化节""科技艺术节""体育节""阅读节"为主的"四节"活动课程，着眼于满足学生不同方向与不同层次的发展需要，力求每一位学生的个性得到充分、自由、和谐的发展。

"四节"活动课程在知识与技能的层面，是对基础课程的进一步深化和拓展；在过程与方法层面，侧重于学生的活动参与及实践，发展学生组织协作能力交流沟通能力；在情感与价值观层面，通过传统活动的浸润，帮助学生发展良好的兴趣爱好、增强内在的成长动力，形成积极健康的人格。

（一）"四节"活动课程总体框架

"四节"活动课程分为："海洋文化节"（讲座、合唱、摄影、演讲）；"科技艺术节"（无人机、计算机编程、航模建

"海洋文化"特色"四节"活动课程图

模、摄影绘画、情景剧、啦啦操、手工等）；"体育节"（帆板帆船、沙滩排球、抛绳打结、旱地冰球等）；"阅读节"（阅读、征文、微视频、分享会等）。

（二）活动课程主题内容简介

海洋文化节具体分为海洋文化科普大讲堂、海洋音乐文化大合唱、海洋文化演讲和海洋创意摄影四个板块。以各种形式的学习和创意活动为载体，帮助学生认识海洋、发现海洋、感受海洋。通过拓宽学生的海洋文化视野，丰富学生的校园文化活动，让学生在了解海洋文化的同时内化海洋文化精神。

科技艺术节具体分为科技和艺术两个类别。科技类包含了无人机、Python、Scratch 编程、3D 打印和航模建模制作等科技创新课程活动，让学生领略现代科技的魅力，培养学生的创新人格和思维。艺术类包含了情景剧、舞蹈、绘画摄影、手工制作等，旨在以多样化的艺术表演活动为载体，让学生去感受和体验，增强艺术才能，在学习活动中提升自己的综合素养。

体育节的具体内容为帆船帆板项目运动、沙滩排球、抛绳打结以及旱地冰球等项目，让学生亲身感受海洋文化魅力，增强学生的体质，培养健康向上、积极顽强、团结合作等优秀品质。

阅读节旨在通过"悦读"、征文、分享等活动，让学生认真阅读老师推荐书目或自选书目，在阅读中鉴赏、评价和探究海洋文学，理解海洋文化内涵、陶冶情操，提升自我修养。

三、"四节"活动课程的具体实施

（一）遵循学生学习规律，分目标培育创新素养

以海洋文化节为例，我们为学校活动课程设定了分年级、分目标、分内容及分要求的实施方案，从而在培育学生创新人格及思维的基础上，进一步培养学生的创新能力。

我们把海洋科普大讲堂内容定为海洋文化与生活科普知识的普及，设定对象为六年级学生，从丰富的海洋资源、海洋文化的内涵、中国海洋文化的传统、海洋的开发与保护四个方面让学生认识海洋，了解海洋的价值和意义。

我们把"海洋文化与生活"专题科普讲座定为海洋生物与生态科普知识，设定对象为七年级学生。让学生在了解海洋的价值和意义的基础上，自觉运用所学知识保护海洋生物以及海洋生态环境，明确自身对海洋生物和海洋生态环境保护的责任和使命，培养海权和海洋保护的主人翁意识。

我们把海洋音乐文化大合唱定为感受海洋文化的魅力，唱出对海洋的热爱，并把此课程设定为八年级学生，通过班

级合唱团的演绎，丰富学生的课余生活，培养学生团队意识和合作能力。

我们把海洋文化演讲对象也设定为八年级学生。通过演讲的方式，提高学生的语言表达能力，提升海洋文化意识，感悟海洋文化内涵。

我们把海洋创意摄影设定为九年级学生，通过对临港自然景观、临港历史、海洋科技、人物事迹等摄影创作，培养学生善于发现、观察、记录美好事物的意识和能力，弘扬海洋文化。

整个海洋文化节系列活动，通过聆听、思考、分享、合作、创作，以及选题、做实验、做课题等方式学习海洋知识，增强海洋保护意识，厚植海洋文化的家国情怀，并在整个活动课程的实施过程中从创新人格、创新思维及创新实践三个方面提升自己的综合素养。

（二）创新活动课程实施原则，促进学生的创新素养

1. 重视活动课程主体性原则，强化学生开拓进取意识

教育专家在对大量个体学生的学习状态进行课堂观察或跟踪学生的学习过程后发现，并非所有的学生在课堂中都经历了真实的学习。相当一部分学生或者没有达成学习目标，或者没有产生认知能力、学习能力的增长，反而在学习中养

成了被动的学习心态和不良的学习习惯。许多学生坐在课堂里并没有真正主动地学习；而教师教学方式不当也造成学生机械式学习，很少思考知识间的联系与应用，所学的知识难以迁移到真实情境中去。

因此，临港一中的"海洋文化"特色活动课程强调学生的主体地位，根据活动主题，鼓励师生共同设计活动方案，学生自主选择活动方式，主动参与认识、体验、实践。在整个活动过程中，教师鼓励学生自主发现问题，设计方案，尝试解决问题，进行自我评价。在教师向教务处提出活动课程申报表以后，由学校校本课程实施领导小组进行先期审核，再下发给学生进行自主选择申报学习课程以尽可能满足学生的自主需求和发展。

2. 重视活动课程互动性原则，提升学生合作创新能力

无论是老师还是学生，都要学会倾听，学会和学习内容"对话"、学会和他人"对话"、学会和世界"对话"，也要学会和自己"对话"。在这种和谐、安全氛围中，学生们能形成更加全面的自我认知，从而更好地发掘自己的潜能。当学生能在活动课上积极参与、畅所欲言时，学生的思想就如花朵；当课程把思考能力还给学生的那一刻，学生活跃的思维就会开出更多的思想之花。由此，我们在"海洋文化"特色

课程教学活动中，尽可能避免同质化分组，重视发挥全体组员的主动性，鼓励学生主动参与组内外的人际互动，形成积极的交往品质和团队意识，掌握必备的交往技能，增强社会性，并在合作的过程中提升质疑意识和创新能力。

3. 营造活动课程探究性原则，提升学生协同创新能力

设置情境任务可以激发课堂群体内部的横向联系，而这种横向联系的课堂让生生之间能够有一长时段进行深度讨论。当我们将学生置于真实的生活情境中，调动他们的眼、口、耳、手等多种感官协同参与，就有可能促进学生综合素质的和谐发展。

我们在"海洋文化"特色活动课程的实施过程中重视目标的综合：首先，课程目标不仅涉及社会意识、科学精神等德育目标，也有搜集信息、处理问题等能力目标，还有各种知识性目标。其次，课程的内容也具有综合性，活动主题包含"海洋文化"的方方面面如科技、人文、艺术等。最后，学生的活动方式也是综合的，根据主题需要，我们采用参观、调查、讨论、表演、设计等多种活动形式，自主探究、积极构建。

以六年级学生"航海家的故事"为例，学生采用 PBL 项目化学习方式，由老师组织学生进行：（1）小组讨论与项目

设计；（2）资料查找与分工；（3）合作制作与交流；（4）分享与作品展示。学生从一个驱动性问题出发：人为什么要去航海？通过了解航海的历史背景和社会认知背景，从而探究本质的问题：人类应该如何更好地利用海洋、保护海洋。

4. 创新活动课程评价模式，提升学生创新素养

课程的评价犹如一根指挥棒，它直接影响到课程实施的方法和途径，也会影响到课程实施的目标和成果。"四节"活动课程注重多元、全面的评价模式，以适应新中考改革的要求，促进学生综合素养的提升。我们遵循三种评价原则：

第一，多元化评价原则。采取个人评价、小组互评、教师评价等多种方式，注重评价与培养目标的一致性，优化活动课程实施过程。

第二，真实性评价原则。以过程性评价为主，坚持评价过程与活动过程相融合，注重评价的形成性和真实性。

第三，发展性评价原则。以学生成长档案为主要评价工具，注重学生评价的连续性、渐进性和发展性。

和以往单一的评价模式不同，在活动课程评价实施的过程中，我们关注学生的参与度和活动中的表现，而不再只是重视最后的结果；我们也不只是看学生个人的成果，也看小组的团队成果，这样既强化了学生的参与和反思的意识与能力，也提升了学生团队合作和创新的意识与能力。

四、对于海洋文化特色"四节"活动课程的再思考

（一）课程建设得以完善，学生成长空间得以拓宽

随着海洋文化特色"四节"活动课程建设不断向前推进，我们充分利用区位优势，全方位、多渠道进行资源整合和利用，充实活动课程内容，形成了除海洋文化特色"四节"活动课程之外的海洋文化拓展课课程群，满足了学生不同个性需求，使学生能在学习和实践过程中体验、发现，从而引发质疑和反思，培养学生的创新人格、创新思维及创新实践能力。

尤其重要的是，基于临港新片区科创之城的发展要求，学校积极打造海洋科创类特色课程群，有利于提升临港一中学生的创新素养和能力。如在科技艺术节活动中，对于海洋主题的艺术作品，不同的学生创作了不同的作品如：水彩画、石头画、刺绣等，激发了学生在学习、搜集创作素材过程中动脑、动手、主动创新的意识和能力。

（二）活动课程实施尚需完善，教学改革亟待深化

1. 学科界限须打破，校本教研须优化

活动课程与其他各种学科课程具有内在的联系，需要以其他各种学科课程为基础。学生在综合实践活动中，要综合

运用在学科课程学习中掌握的基础知识和基本技能。基础型课程的学习为学生提供了认识基础和理性准备。活动课程不仅为学科知识的应用提供了一个有益的平台，而且学生在综合实践活动中自主获得的知识以及解决问题的基本能力又促进学科课程的学习，有助于所学知识的整合及综合素养的提升。这就给学校课程建设提出了更高的要求，我们必须重视跨学科的融合，强化教师的专业发展，从而促进学生的全面发展。

海洋文化特色活动课程具有很强的综合性和实践性特点，它并不只是局限于某一门学科。如海洋主题类的摄影，它涉及美学中的构图、物理中的光线和焦距、地理中的日出日落等气象条件和自然环境，乃至生物和机械等。这就促使教师从传统的"各扫门前雪"转化成"互帮互助"协调合作，以更好地完成活动课程，促进学生的成长。由此，在原有的学科教研活动的基础上，我们应强化跨学科的教研活动，创造校本教研的新样式、新内容。

2. 活动课程须拓展，育人途径须挖掘

作为区项目化学习实验校，我们不断强化各学科课程之间的联系，努力推进跨学科的小课题研究和项目化学习，已经形成了一批跨学科小课题和项目化学习案例，学生在教师的指导下以小组合作、共同分享并完成作品的形式开展学习，体现了深度学习的特点，激发了学生的学习兴趣，促进了主动学习和实践体验，有利于创新人格、创新思维及创新实践能力的培养。

但基于新中考改革，如何通过学校的活动课程把"五育并举"的育人目标与弘扬海洋文化精神内涵对接，在活动课程中更好地内化我们的育人目标，让全校师生打上海洋文化的烙印，我们的路还很长，还有很多工作要做。我们将更深入地挖掘海洋文化活动课程的内涵及作用，优化学校的课程建设，促进学生更深层次的内涵发展。

"知行合一"育人模式的
探索与实践

现代教育体系对"知行合一""实践育人"教育模式的重视程度在不断加强。这种模式的内涵是实现知识与行为的高度协调统一，确保理论与实践的紧密结合。其核心理念在于，通过实践的检验来巩固真正的知识，并通过实践对知识进行丰富和拓展。实践活动有助于学生将理论知识应用于实际问题，提升其解决复杂问题的能力，从而在道德、智力、体质等多个方面实现全面发展，塑造出具备健全人格和社会责任感的个体。此外，实践活动还能有效激发学生的学习兴趣，推动其由被动学习转变为主动探索，进而提升学习效率，帮助学生更好地适应和满足社会发展的需求。

学校始终坚持"知行合一"的教育理念，通过各种实践活动培养学生的实践能力、创新精神和社会责任感。我们坚

信，学生在参与、体验和实践中，能够实现知识与技能的内化与提升。以下是学校在贯彻这一理念过程中所积累的一些育人经验，它们共同构成了具有鲜明特征的实践育人体系。

一、育人经验一之教师角色

在中国教育体系内，教师角色远超过单纯的知识传授者，他们是学生成长道路上的重要指引者和陪伴者。在课堂内，教师严谨授课，传授知识；在课堂外，他们同样倾注心血，关注学生的全方位发展。在临港第一中学，我们实施了全员育人导师制，每位教师均为学生安排特定的课后辅导时间，无论是学业上的"疑难杂症"还是生活中的小困惑，都能得到他们的悉心解答与引导。这种全方位的育人模式，不仅强化了学生课堂知识的吸收，更为他们创造了一个自由表达、自主探索的优质环境。此外，教师们深知家庭与学校之间的紧密合作对学生成长的重要性。他们定期与家长进行沟通交流，通过家长会、电话、电子邮件等多种渠道，及时分享学生在校的学习与生活情况，同时积极采纳家长的宝贵意见与建议。这种双向沟通机制确保了教育的连贯性与一致性，为家长更好地参与和支持孩子的成长奠定了坚实基础。

教师暑期研修分享会

班主任家庭教育指导分享会

二、育人经验二之课程设置

　　学校的课程体系经过精心设计，旨在贯彻新课程改革的核心理念，全面促进学生素质的综合提升。除了基础的语言文学、数学逻辑、英语交流、音乐艺术、美术创作和体育健康等课程外，学校还结合海洋文化的独特资源，开发了如"科学幻想绘画""帆船帆板"等富有特色的校本课程。这些课程不仅有助于培养学生的艺术品位和身体素质，更是对新课程改革的积极响应与实践。

学生参加上海市第十七届运动会帆船比赛

创意编程社课堂

　　同时，学校致力于提供丰富多样的社团活动，如足球社、茶艺社、智能小车社、创意编程社等，以满足学生多元化的兴趣和需求。这些社团不仅为学生提供了展现个人特长的舞台，更是他们学习社交技巧、培养兴趣爱好、提升综合能力的重要场所。

　　具体来说，足球社注重培养学生的足球技能，同时更强调比赛中的团队合作与领导力培养；茶艺社则致力于让学生深入了解中华优秀传统文化；人工智能类社团则激发学生的

足球社课堂

学生参加"工业科技之旅"夏令营

科技创新兴趣，培养他们的逻辑思维与问题解决能力。这些社团活动与课程体系相互补充，共同构成了一个多元化、综合性的学习环境。

总之，学校的课程与社团活动设计旨在为学生提供一个全面发展、均衡提升的平台。我们坚信，这样的教育模式将培养出更具全面素质、创造力和未来适应力的学生，为社会的持续进步与发展贡献力量。

三、育人经验三之校园文化

作为学校的管理者，我深知一个充满活力、创造力的校园文化环境对学生的全面发展具有举足轻重的意义。为此，

我指导学校各部门精心策划和组织各类活动，如海洋文化节、科技艺术节、体育节、读书节等，来丰富学生的生活体验，提供展示自我和锻炼能力的平台，以期有效提升学生的综合素质。

读书节作为学校的传统活动之一，旨在激发学生的阅读兴趣、培养良好的阅读习惯。读书节期间，学校图书馆会推出系列主题书展，教师们会组织专题阅读讨论会，学生们也有机会参与书籍推荐和读书分享会等活动。这些丰富多彩的活动不仅让学生沉浸在知识的海洋中，还激发了他们对未知世界的好奇心和探索欲望。

科技节则是学校展示学生创新精神和科学探索能力的重要舞台。活动期间，同学们将有机会参与科学实验、机器人竞赛、编程挑战等多样化的科技项目。科技节不仅锻炼了学生的实践操作能力，还培养了他们的问题解决能力和团队合作精神，为他们未来的科学探索之路奠定基础。

艺术节作为学校校园文化的另一大亮点，涵盖了音乐、舞蹈、戏剧、美术等多个艺术领域。在艺术节期间，学生有机会参与到各类演出、展览和创作等艺术活动中，充分展示个人的才华和创造力。这不仅为学生提供了一个展现自我的平台，还让他们感受到艺术的魅力，培养了他们的审美情趣和创造力。

体育节是学校一年一度的盛大活动，旨在促进学生体育

"科技艺术节"
宣传海报设计大赛

锻炼，增强团队精神。其间，学校会举办各种体育比赛，如篮球、跳踢比赛等，同学们可以尽情展示自己的运动才能。此外，还有拔河、接力等趣味运动项目，让同学们在欢乐中感受到团队合作的重要性。体育节不仅锻炼了学生的身体，更磨砺了他们的意志，培养了团结协作的精神。每个人都是参与者，每个人都是胜利者，校园文化建设让师生充满活力和激情！

体育节之平板支撑比赛

体育节之拔河比赛

四、育人经验四之家校合作

　　学校始终将家校合作视为教育工作的重中之重，定期组织家长学校，旨在让家长全面了解学生在校的学习动态，同时积极采纳家长的宝贵建议，共同为学生的成长提供全方位的支持。除定期家长学校外，学校还建立了家长志愿者制

学校家委会会议

度，这一举措进一步深化了家校合作。家长志愿者积极参与学校的教育教学活动，如深入课堂、协助组织活动以及陪餐等参与学校管理活动，不仅能够直观了解孩子在校的表现，更能为学校带来建设性的意见和建议，同时增强家长对学校教育的认同和支持。学校致力于打造一个开放、互助、共育的家校合作环境。通过定期家长会、家长志愿者制度以及多元化的沟通渠道，我们不断加强家校之间的紧密联系，促进家校共育，为学生的全面发展和幸福成长奠定坚实基础。

五、育人经验五之自主学习

"双新"背景下，学校始终致力于倡导学生自主学习，推行"以学生为核心，以教师为指引"的教学模式。在此模式下，教师的角色不再局限于知识的传授者，而是转变为学生学习旅程中的人生导师和知心朋友。在课堂上，教师运用启发式提问、互动性活动设计以及项目化学习的方式，鼓励学生深度思考，积极参与课堂讨论和探究，让学习过程变得富有乐趣，更着重于培养学生的学习兴趣和独立思考能力。此外，学校还创新性地实施了混龄式共享课堂，将不同年龄层的学生融合于同一班级进行教学。这种探索是希望通过"大带小""学优生带潜力生"的方式，构建生生合作、师生

图书馆阅览室一角

互动的积极课堂氛围。同时，学校也为学生提供了诸如图书馆、电子阅览室等丰富的自主学习资源，以满足学生的个性化学习需求。

六、育人经验六之综合实践活动

综合实践活动是核心素养导向下学生的必修课。学校高度重视学生综合实践教育，专门设立了社会实践课程，旨在通过实际操作和体验，促进学生的全面发展。为此，我们精心组织并定期开展社区服务、参观考察、实践研学等一系列活动，这些活动不仅有助于提升学生的实践能力，还能培养他们的社会责任感。

与此同时，学校与上海海事大学、上海海洋大学、中国科学院微小卫星创新研究院等多所高校、科研院所建立合作关系，共同搭建学生走进大学、感受航海文化、参与各类实践项目的平台。学校还鼓励学生积极参与实地考察和实习实训，以便更深入地了解社会运行机制和生产一线情况。

这些实践经历不仅使学生能够将所学知识与实际问题相结合，提升解决实际问题的能力，还有助于他们发现自己的兴趣所在，为未来的职业生涯规划埋下一颗种子。

知行合一的育人模式在实践中彰显出其独特优势和深远成效，这一模式强调知识与实践的紧密结合，使学生在学习

"彩虹鱼"基地综合实践活动

上海自然博物馆及中国科学院微小卫星创新研究院综合实践活动

理论知识的过程中，同步参与实践活动，从而深化对知识的理解和运用。得益于这种模式，学生不仅在学习能力上得到提升，同时也培养了实际操作和解决问题的能力。在教师的指导下，学生们开始关注现实问题，积极投身社会服务，展现出强烈的责任感和使命感。知行合一的育人模式不仅提升了教育质量，还为学生的全面发展创造了有利条件。由此可见，教育不仅仅是知识的传授，更是引导他们将知识转化为行动，为社会作出贡献的过程。这种育人模式值得我们进一步探索和实践。

拓宽育人途径，
推进"大德育"实践

"有多少同学在做一件事情前有做规划的习惯？有多少同学对未来有明确的职业规划？"

"我以后想要创业！"

"我将来要做一名厨师，让大家都能吃到我做出来的美食！"

在台上提出这两个问题的是学校共建合作单位上海海洋大学食品学院党委书记、马克思主义学院职业发展与就业指导研究室主任刘教授。但同时，刘教授还有另外一个身份——学校七（1）班刘同学的父亲。这是一场家长与学生之间的对话。

七年级的学生正处于生涯规划的萌芽阶段，刘教授以一位父亲的角色，引导学生进行自我认知，认清未来挑战，尝

"家长进课堂"之生涯教育

试制定职业生涯规划,他用宝贵的职业经验和父亲般的爱心为学生们上了一堂生动的生涯启蒙课。

以上场景是学校"家长进课堂"活动中常见的一幕,也是学校"大德育"教育的丰富生动实践的缩影。作为教育管理者,我一直在思考这样一个问题,怎样才能更好地贯彻"大德育"教育,更好地实现立德树人的育人目标?教育起源于人类的社会劳动,为适应传授生产劳动和社会生活的经验的需要而产生。自古以来,家庭、学校、社会教育就是一个较为完整的体系,教育从来不是学校单方面的事情,需要形成校家社等多方面的合力。

家庭教育是家庭重要的社会功能之一,父母的言传身教,对学生价值观的形成和人格的塑造起着至关重要的作用。然而,随着社会发展,家庭教育功能逐渐发生异化,由

"家长进课堂"之学生心理危机的防御

于家长能力和时间的限制，学校承担了更多的教育责任，同时教育被简单粗暴地等同于知识的学习，往往忽略了学生内在世界的构筑和成长，这对学生的健康成长有害无益。校方有必要建立起沟通平台，加强家校互动，引导家长强化教育意识，让家庭教育回归正位。

社会教育具有家庭教育和学校教育不可替代的特殊作用，学生走出校园，在生产劳动和社会生活中接受教育，对责任感的培养、道德底线的树立有极大促进作用，同时社会教育能够建立起人与社会的联系，为学生今后的成长和发展奠定坚固基石，此外，良好的社会教育对社会的发展也具有积极意义。

"家长进课堂"之心理
健康教育

"家长进课堂"之初三考前心理调适

　　"大德育"视域下，育人实践更需要家庭、学校、社会的共同努力，学校要积极推动并发展校家社的协同合作，发展校家社协同一体化，构建"大德育"体系，并将其作为促进学生学习和成长的重要环节。

　　首先，完善组织形式，提供后勤保障。

　　学校在与家长共建家长委员会的实践应用中构建了较完整的体系。家长委员会充分发挥纽带作用，协助学校开展家庭教育工作，助力学生发展；为学校建设献言献策，保障学生日常生活与学习；为学生社会实践体验搭建平台，落实与丰富学生的社会活动和职业体验，形成校家社教育共同体。

　　其次，丰富工作形式，构建互动机制。

　　学校通过"校园开放日""家长进课堂""家长学校"等形式让家长全方位、深层次地参与到学校的教育教学中来。学校开发了适应不同学段需要的家长课程，通过主题报告、教育沙龙、微视频等形式，传递育人理念。学校教师是校家社协同育人的主要组织者和推动者，教师主动与家长建立联系，通过日常沟通、定期家访、召开家长会等多种方式了解学生在家庭环境中的表现和成长情况，谋求达成一致的教育立场，形成教育合力。

　　再次，挖掘教育资源，拓宽实践渠道。

"家长进课堂"之智能
船舶及其发展应用

学校充分利用、挖掘资源优势,"德育课"不再局限于课堂之中,将"思政"与"社会课堂"相结合,开展社会实践及研学。学校家长委员会把优质的教育资源辐射到学校,多渠道拓展实践场所,加强社区、企业、基地的参与和联动,推进德育课程深度融合。例如,开展党课进校园、法治知识进校园、"学雷锋"主题教育活动、"淞航"号实践体验活动、开展红色研学、红色经典诵读等活动,激发学生的爱国主义精神、家国情怀和社会责任感。

最后,推动德育融合,赋能学生成长。

学校是德育教育的重要阵地。作为孩子成长的"第二个家园",学校承载着塑造学生人格和价值观的重任。学校制定科学的德育教育计划,将德育教育融入学校的各个教育环节中。

学校将家庭教育、学校教育、社会教育有机衔接,通过课堂知识传授、家长言传身教、开展社会实践多措并举,着力培养学生沟通表达能力,增强团队意识,使学生逐渐明白自身责任,提升自我价值感,并在活动中提高参与度和自信心,为学生健康成长赋能。

校家社协同育人工作是一个长期且复杂的过程,对于如何进一步凝聚各方合力,深化校家社一体化建设,搭建起高度协调一致的教育平台还有待进一步探索。

全员育人篇

导师引领成长路，
全员助力梦想行

——谈"全员育人导师制"教育实践

{ 案例背景 }

每学年初，如果到各个班级的班会课上看一看，就会发现，除了教室里班主任和学生外，还有另外几位教师的身影。其实这是一次"育人导师主题班会"，这几位教师除了负责本班的教学工作之外，还是学生的育人导师。

这次主题班会是一次师生间的"破冰活动"。班主任除了向学生讲述"全员育人导师制"的含义、原则和方法，激励学生走近导师，与导师多沟通，还让育人导师和学生面对面深入了解，建立起良好的师生关系。将此次活动作为重要起点，有助于导师更好地了解学生的个性、兴趣和需求，为

全员导师育人活动

后续的教学和育人工作打下基础。

每位导师既要指导一个 10 人左右的学生发展小组，又要承担个别重点学生的帮扶工作，形成每位导师"N+1"导学关系的工作模型。导师需要关注学生的全面发展，依托"三个一活动"，建立良好的师生关系、给予学生针对性的指导。"三个一活动"包含了每学期与每位学生进行一次谈心，以小组形式畅谈一次人生规划，组织一次学习互助活动，探讨一次研究课题，参与一次学生的主题班会，进行一次家访，开展一项志愿者服务活动，参加一项学生的社会实践八个项目，每位导师需要在八个项目中任选三项，便于灵活开

全员育人导师小组谈心

展育人工作。对于辅导过程中出现的特殊情况与个案，必要时由工作小组牵头，召集资深、骨干导师对其进行"集体会诊"，学校每个学期都会集中组织导师进行个案分析，探索规律、树立典型、推广经验。

往常学生对于任课教师尤其是"副科"教师的印象往往只限于课上的40分钟，课后几乎没什么交集。但自"全员育人导师制"推行以来，学生主动来找"副科"老师反映问题的情况渐渐变多了，导师与学生之间的联系明显加深了。

全员育人导师制对学校科学管理、增强学生自信心、促进学生可持续发展具有重要意义。

{ 案例分析 }

（一）坚持靶向服务，提升育人针对性

学校细化工作方案，明确导师职责，做好前期的文件精神传达和教师研训，提升全体教师导育能力，为教师后续开展全员育人工作提供有效方法和有力举措。同时对各班学生的情况进行全面的排摸，尤其关注在心理健康、行为规范、家庭情况等方面特殊的学生，持续建立特殊学生成长档案。学校对有此类情况的学生在进行育人导师结对的过程中会进行特殊关注。通过认真分析学校教师的情况，了解教师的特点与特长，有针对性地进行各班育人导师的安排，明确从思想引导、心理疏导、生活指导、学习辅导四大方面对孩子们

全员育人导师小组谈心

进行重点关爱，确保全员育人导师制认识到位、管理到位、落实到位、责任到位。做到"教师人人是导师，学生个个受关爱"。通过全员育人导师制的推行加强班级管理教育的力量，使班主任、育人导师形成助力学生发展的"共同体"，发挥最大的教育效益。

（二）实时跟进，增强育人时效性

全过程育人涵盖"从学习到生活""从课堂到课后""从入学到毕业"的整个初中生涯。初中学段的学生的身心成长变化十分迅速，不同学习成长阶段的学生有着不同的心理需求、思想特点与意识诉求。因此，导师以服务学生成长为主线，细心观察学生的每一个变化，遵循他们身心发展的规

全员育人导师个别谈心及小组交流

律，按照各个阶段学生的不同需求，为他们量身定制适合的育人目标和方法，通过教育理论与实践的结合，形成全过程式的育人模式。同时学校注重强化育人各阶段的衔接，一方面，将日常学习与假期实践、课堂学习与校内外活动等有序衔接，将思政教育融入学生的日常学习生活，形成一个完整的教育生态链；另一方面，整体统筹学生生活学习各学段、各环节的特征，并在思政教育上做到各学段之间的依次递进与有机衔接。初中学段是学生成长的关键时期，导师的全过程育人和学校的有机衔接教育模式将为学生的成长提供有力的支持和保障。

（三）从导"学"走向导"育"，拓宽育人辐射面

学校不断探索人性化、亲情化、全面化的育人模式，致力于实现全方位育人，一是实现空间的全方位，充分运用各类实体化教育载体与教学资源，促进学校、家庭与社会的空间联动，师生携手，校家社共育，为每个学生的成长发展提供有利条件。二是实现知识的全方位，不仅让思想品德教育与文化知识传授相互交融，还注重课堂教育与课外教育的互补，共性教育与个性教育的和谐统一。三是实现学生素养的全方位，挖掘榜样先锋，激发先进典型带动力，影响辐射周围学生积极进取，营造榜样在身边、人人争先进的良好学习氛围，同时充分挖掘学生的潜能，使学生德智体美劳全面发展。

全员育人导师小组活动

　　这个过程中，教师的角色发生了深刻的转变。他们不再仅仅是知识的传授者，而且是成为学生成长道路上的引路人。由"教师"转变为"导师"，关心学生的学习成绩，更要深入地了解学生及其成长环境，关心学生的理想信念、思想品德、心理状态、生活状况等。导师与学生的沟通中不能用陈旧的说教论调，而是基于学生的兴趣爱好、个性特点和内心感受开展交流，全面关心他们的成长。导师要用自己的人格魅力感染学生，通过发现学生"闪光点"，用真诚的鼓励激发学生的自信心和进取心，拉近师生之间心与心的距离，使导师真正成为学生成长的领航者。

{ 结论 }

　　全员育人导师制是一项富有创新性和实效性的教育制度，它为学校教育的全面发展注入了新的活力。全员育人导师制的稳步推进，紧密了师生之间的良好关系，形成了真诚、尊重、平等的校园氛围。全员育人导师制精准落实"双减"政策，强化学校教育"主阵地"作用，发挥教师"引路人"功能，不断总结经验，进一步构建全员、全程、全方位育人的三全育人机制，形成全员育人工作的体制和学校特色，为每一位学生的学业进步、成长发展提供有利条件，为学生的全面发展提供了有力保障。

以海洋文化为引领，
实现校家社和谐共育

｛ 案例背景 ｝

　　六年级的一位 A 同学思维敏捷、擅长绘画舞蹈、活泼好动，但纪律意识淡薄、自我约束能力和学习习惯差，学习态度不端正，作业不按时完成，上网课期间多次利用上课时间玩游戏。此外，该同学爱闹事，爱面子，自我意识较强，家庭亲子关系不和谐，经常和父母起冲突，家长多次沟通教育效果不明显。

　　有一天下午 A 同学的妈妈打电话跟班主任殷老师说孩子下午的课要请假，殷老师就向家长了解该同学的具体情况。妈妈说，孩子上午因为听课时发呆哈欠连天，不愿意好好听课，在有的课上还看电影，语文作业没有按照老师的要求进

行订正，数学作业做的全错，他爸爸说他几句他就很愤怒，因为这些和他爸爸争吵，他非常排斥父母的劝说，他爸看他这个样子，非常生气，踢了他一脚，他就闹脾气离家出走，还把上课用的平板电脑给摔碎了。

{ 案例分析 }

六年级这个年龄段的孩子自我意识逐渐增强，部分同学表现出叛逆心理，对父母、老师的要求和建议不假思索地抵抗，产生厌倦心理，甚至出现偏激行为。在此案例中，因为孩子不认真听课学习，上课开小差玩游戏，爸爸的处理方式是简单的打骂，让孩子难以接受，从而产生抵触情绪，做出离家出走、摔碎平板电脑等过激行为。很明显，爸爸的做法并不是我们所提倡的家庭教育方式，其结果也正体现了采取好的家庭教育的重要性。在家庭教育无法正确发挥作用的情况之下，学校教育则应在其中起到润滑的作用，而班主任就是学校教育重要的践行者。

班主任殷老师首先向家长阐述了六年级孩子普遍的心理和行为表现特点，告诉家长这是孩子成长过程中所不可避免的阶段，是正常的。作为家长和老师，面对六年级的孩子我们应该秉承"宽容"的态度，采取合理的教育方式，慢慢地引导孩子。抚平了家长的愤怒情绪，接着殷老师也给出了一些解决措施，建议孩子父母等孩子回来后和孩子好好聊一聊，面对孩子出现一些问题的时候要用合理的方式进行沟通，学会倾听，学会宽容。作为家长可以根据自己的观察和经验先跟孩子谈谈自己的想法和处理问题的方式，给孩子一些切实可行的建议，为孩子指明正确的方向，用智慧找到打开孩子心扉的那把金钥匙——"读懂孩子"，弄清楚是什么原因让他学习效果不好、学习兴趣不高。尝试和孩子一起制定一个学习计划，明确学习目标，克服暂时的学习困难，强调努力学习的重要性，加强理想前途教育。同时，作为家长也要反思自己的行为，及时调整，不是一上来就直接打骂，不仅问题没得到解决，亲子矛盾还会进一步加剧。老师也好，家长也好，都不是圣人，在做事当中，肯定有不足的地方。作为家长，想想自己平时有哪些在对待孩子的态度或者育儿方式上没那么智慧的地方，然后及时调整自我，这也许会让亲子关系更加和谐、良好。

　　家庭教育需要建立和谐、良好的亲子关系。言传身教，作为家长，在孩子面前，要注意自我形象，言行举止要得体，因为父母是孩子学习的榜样，家长一言一行潜移默化影响着孩子，对孩子成长影响深远。作为父母要多了解、关心、陪伴孩子，时间允许的情况下，尽可能去陪孩子一起玩耍，一起运动，一起学习，和孩子以朋友相处，多了解他内心的真实想法。在平时的生活和交流中父母可抓

住合适的机会进行教育引导，让孩子懂得在自己身上找到属于他的亮点，该夸的时候不吝啬，该批评的时候也不失尺寸。

殷老师将海洋文化中的"宽容"精神渗透到日常的家庭教育指导中，这位同学的家长听了班主任给出的一些建议后，采取合理恰当的家庭教育方式，最终亲子关系得到了改善。在后来半个学期的居家学习生活中，该同学也积极参加学校组织的多项活动，取得了不错的成绩，各方面表现进步较明显。

陈默老师在《班主任学生管理训练手册》一书中写道，现今哪有父母不管孩子？这样的父母太少见了，更多的是管得太多，管得不得当。身为教育者，我们需要发挥我们的纽带作用，让家长明白家庭教育与社会教育、学校教育的目标是一致的，从而达到家校合育的良好效果。

初中学生正处在青春发育期，心理和生理上都发生很大很快的变化。青春期是他们人格完善的关键期和人生的转折点，需要很好地引导。在当今教育领域，"全员育人"已成为一项重要的教学理念。它不仅强调教师在学生成长中的作用，也将家长、社区等多方力量纳入育人过程中来，形成一种多元协同的教育模式。

家庭教育是父母在家庭内对子女的教育，它虽不像学校教育那样有计划、有组织、有规律，但却是学校教育的"和谐"补充。学校教育偏重于对知识体系的教育，而家庭教育更多在于父母的言传身教，对孩子的人生观、价值观和性格秉性的影响更为明显，其核心与实质是教会孩子如何做人。此外，社会教育又是家庭教育和学校教育的外部环境和扩展，为两者提供丰富的教育资源与契机。因此，家庭教育、学校教育和社会教育同为孩子成长中不可或缺的教育。而学校则在其中起到了纽带的作用，将三者有机结合，形成三位一体，是造就一代新人的必要条件。

家庭教育指导没有固定的内容，也没有固定的模式，不同的家庭发生的问题不同，家长的素质不同，需要有不同的沟通指导方式，初中学生的心理和生理特点的特殊性，更需要具体问题具体解决。不同年级的学生家庭需要的指导内容侧重点是不同的，不同的学生需要的指导频次也是有区别的。在制定计划时要充分考虑这些问题，譬如，以哪些方式开展家庭教育指导活动，针对不同的学生又可以有哪些具体的指导措施。再譬如，针对学生自身特点，如何将学校的育人理念融入日常的家庭教育指导中去。

学校教育是主体，社会教育是家庭教育、学校教育的外部环境和扩展，而家庭教育则是学校教育、社会教育的基础。学校地处临港新片区，充分利用学校周边中国航海博物馆、上海海事大学、上海海洋大学、上海电机学院、科大讯飞、"彩虹鱼"基地等优质的社区资源，以及来自五湖四海

的各类人才的家长资源，在弘扬海洋文化等方面与其进行密切合作。通过社会实践活动，丰富学生的生活体验，有效地增强学生的诚信意识，公德意识和实践能力，促进学校、家庭、社区的沟通与合作，逐渐形成社区居民、学生、家长进行自我学习的氛围。

"家庭教育指导"工作，就是指学校或者社会对家庭中的家长展开教育内容、策略上的帮助与指导，以提高家长的教育素质、改善其教育行为为直接目标，以促进学生身心健康成长为目的的一种教育过程。我们应不断厘清对家庭教育指导工作的认识，不断探索家庭教育指导工作的策略，建立联动的"学校、家庭、社会"三位一体的和谐教育体系，整合各种社会资源，服务家庭教育指导工作，为学生的进一步发展铺石修路。

{ 结论 }

通过不断的摸索和改进，学校在海洋文化建设上逐渐形成了一套适合自己特色的全员育人机制。经过一段时间的实施，学生在学校的学习成绩和综合素质有了显著提高。家长和社区对学校教育的满意度和支持度也大大增强。

学生的发展受到多层次环境系统的影响。全员育人正是利用学校、家庭、社会等多重环境系统，为学生提供一个全方位的成长空间。全员育人不仅能促进学生的全面发展，也能增进教育的社会性和实用性，是现代教育发展的重要方向。如何持续优化这一模式，使其更加高效和普及，是未来教育工作者需要深入思考的问题。

对症施慧，
合心增效

{ 案例背景 }

　　陆同学是班内一名活泼外向的女孩，在很多方面自主独立，有很强的自理能力。前期家访时，班主任李老师就了解到该生兴趣爱好比较广泛，周末会去参加合唱队等艺术类活动，兴趣班在惠南地区，而她家住临港地区，在距离上比较远，但从小学起，她就在假期独立往返，自我管理能力很强。因她有多年合唱团的经验，军训期间，老师让她组织同学排练会演节目。无论是前期的筹划，中期的排练还是最后的呈现，她都像一个负责的小老师一样，把一切安排得井井有条，赢得了很多同学的喜爱和信任。开学后，她也担任了班里的文艺委员。但是一段时间后，李老师却发现她在学习上的表现不太理想，多次出现了作业少做、漏做、忘带的现象，对待作业的态度很不端正，在和她的几次简短沟通中，李老师了解到她的父母不太关注她的学业，由于父母工作都比较忙，加之最近家中刚生了二胎，全家人都比较忙，无暇顾及她。在周记中，她也提到家里多了个妹妹之后，家里人都围着妹妹转，有时妈妈跟她讲话也无非是让她帮忙照看一下妹妹。因缺少监督看管，在学习上的主观能动性也不够强，她才逐渐形成了作业拖拉、完成情况较差的现象。

｛ 案例分析 ｝

临港地区的家长普遍都工作繁忙，时常无暇顾及孩子的学业和心理健康，家长缺乏与孩子之间的沟通交流，家庭教育疏忽。并且，二胎现象在现在的学生群体中较为常见，这个年龄段的孩子又十分在意父母的关心和陪伴，以自我为中心，一旦家庭重心发生了改变，很多孩子就不太能接受和适应。针对这类问题，我们主要采取了以下方法：

（一）加强家校沟通合作

苏联著名教育家苏霍姆林斯基说过："没有家庭教育的学校教育和没有学校教育的家庭教育，都不可能完成培养人这一极其细致而复杂的任务。"从中我们不难得出，家庭教

育在每一个孩子的成长过程中是至关重要而又不可或缺的。因此，学校教育与家庭教育需要相辅相成，加强它们之间的沟通互动也就显得尤为重要。

班主任在大致了解学生的家庭情况和个人情况后，要主动与家长进行沟通，互相交流孩子在家及在校的表现，达成共识。先肯定孩子在各方面能力都是不错的，再提出只需在一些小问题上采取措施，加强沟通，就能从很大程度上解决当下所存在的问题。对于学生的问题，班主任在和家长沟通中，要做到细致分析，给家长提供建设性的方案，并且定期跟进督促的结果，以防家长会因为工作忙碌和沟通中的阻力未能很好地实现督促的效果。家长也可以在与班主任交流中提出困惑，不断调整沟通方案，更有利于形成合力帮助解决孩子实际问题。

（二）集体教育与个别教育相结合

集体教育与个别教育相结合是指在德育过程中，教育者既要善于组织和教育学生集体，依靠集体教育每个学生；同时又要通过对个别学生的教育，来促进集体的形成和发展，从而把集体教育和个别教育有机地结合起来。这一原则是苏联教育家马卡连柯成功教育经验的总结，又称为"平行教育原则"，强调集体和个人相互依赖、相互促进的关系，是社会主义教育性质下的一种重要德育原则。

学校每周都会安排至少一个课时的时间，给班主任一些集体教育的机会，如班会课、早读课、班干部会议等，来进一步优化班级结构、解决学生问题，开展主题教育、心理疏导等。学校也会定期开设心理健康讲座、心理健康活动月等，并有专门的心理老师为学生及老师提供心理上的辅导。对于个别学生的问题，班主任或其他任课教师也会在私下进行交流沟通。通过开展丰富多彩的集体活动，充分发挥学生集体教育的作用。同时加强个别教育，并通过个别教育影响集体，增强集体的生机和活力。

（三）实行"全员育人导师制"

为了使集体教育与个别教育相得益彰，学校也实行了"全员育人导师制"，为每一个学生都配对了相应的导师，在学习和生活上提供关爱与帮助。一个班级四十几个学生，班主任无法每一个都兼顾，于是"全员育人导师制"就很好地将一个大集体拆分成了几个小集体，每个小集体由一位老师负责，定期会开展小集体的交流互动，老师平时也会密切关注这些学生的方方面面，及时发现学生的问题并及时解决，也能更好地为学生提供个性化的教育指导。当然，全员育人除了要求全体教师参与之外，更需要教师与教师、教师与家长，以及学校与社会资源的合作，共同为学生提供全方位的教育支持。

"全员育人导师制"强调教师不仅是知识的传授者，还是学生品德、能力、兴趣等多方面发展的引导者和促进者。"全员育人导师制"的实施，有助于提高学生的综合素质，培养学生的创新精神和实践能力，促进学生的健康成长。同时，这种制度也有助于提高教师的专业素养和教育水平，形成良好的教育生态。

｛ 结论 ｝

一个孩子的成长与家庭教育紧密相关，作为教育工作者，我们首先应该加强家校沟通合作，只有帮助和引导家长树立正确的家庭教育观念，掌握科学的家庭教育方法，并在交流沟通中达成共识，家校一心才能形成合力，更有效地指导孩子的学习，更好地促进青少年的成长。父母是孩子最好的榜样，我相信，只要每一个教育工作者把家庭教育指导作为一种责任，以此让学校教育和家庭教育有机结合，就能共同塑造具有良好品格的一代新人。

做好家校沟通是一切教育的前提和基础，而学校教育无疑是教育的主体。对于学生来说，绝大部分的时间还是在学校里度过的，因此，他们的身心发展、学识能力的增长、思想品德的培养等，主要还是与学校教育密不可分。由此可见，学校的管理、教师的专业素养与师德师风都极为重要。面对现在"10后"孩子普遍出现的一些问题，学校和教师更应该不断地学习精进，不断完善学校的教育制度，做好家庭、学校、社会三位一体的工作，在对学生进行教育指导时，要集体教育和个体教育相结合，并通过"全员育人导师制"更好地关注学生的全面发展。

总之，我们需秉持"用心沟通、以情动情，修身垂范、以行导行"的育人原则，着实引领、对症施慧，通过解惑领航定会合心增效，帮助每一个孩子成为真正大写的人。

"师道尊严"的新时代演绎

○───────────────────────╟

{ 案例背景 }

众所周知，中国的传统道德观念一直主张"师道尊严"，"一日为师，终身为父"便是对教师尊崇地位的生动诠释。"双新"背景下，"师道尊严"的含义理应有新的诠释。它已不再是传统意义上的师尊大如天，而是现代教育体系下对教师职业价值与地位的重新确认。

{ 案例分析 }

从专业素养的维度看，新课程与新教材对教师的学科知识及教育理论知识提出了更高要求。这意味着教师不仅要对

"双减"背景下的德育圆桌论坛

本学科的内容有深入地理解，还需掌握先进的教育方法与手段，能够灵活整合各种教学资源，引导学生开展探究性、自主性学习。这种专业素养的提升能确保教师在教育实践中展现出高水平的教育能力，从而赢得学生与社会的广泛尊重，进一步捍卫师道的尊严。简而言之，师道的尊严，实际来自教师自身的专业素养和教育能力。

坦率地说，压制学生个性的传统"师道尊严"已被时代所淘汰，但以教师为中心"满堂灌"的教学模式依然存在。怕学生质疑伤了为师者的面子、怕学生活跃影响了课堂纪律，从而在教师的观念中，存在着根深蒂固的观念，那就是

学生必须顺从老师、学生必须遵守规矩。因此，兴趣得不到激发、个性得不到张扬的课堂模式如"温水煮青蛙"一般，把学生内心的求知欲及创造性慢慢抹杀了。这种过于强调规定和纪律的做法忽略了学生自我发展和探索的重要性，限制了学生的自由发挥，也削弱了学生的自信心和创造力、学习的热情和兴趣。

没有规矩，不成方圆。学生在学校和社会生活中，确实需要面对相关规定和权威。服从规定和服从权威往往是被动的行为，学生可能只是盲目地遵守，而没有真正理解规定的意义或权威的背景。这可能导致他们缺乏独立思考的能力，难以在未来的生活和工作中作出明智的决定。相比之下，遵循指导可能是一个更为积极和有效的选择。遵循指导则更强调学生的主动性和参与性。指导通常包含了解释、建议和方

实习教师座谈会

向，旨在帮助学生理解规定或权威背后的原因和目的。通过遵循指导，学生可以更好地理解和学习如何应用规定和权威，而不仅仅是盲目地遵守。此外，遵循指导还有助于培养学生的批判性思维和解决问题的能力。通过理解规定的背景和目的，学生可以开始思考如何改进或适应这些规定，以适应不断变化的环境和需求。这种批判性思维和解决问题的能力在未来的生活和工作中都非常重要，所以学生需要做的不是服从规定或服从于权威，而是要遵循指导。

教育不仅是传授知识，更是培养学生独立思考和自主解决问题的能力。真正有效的教育应该是贴合学生现实生活的。教育的目的是让学生为未来的世界作好准备，通过允许学生"发出自己的声音"、作出自己的选择，在思考、分享、合作、展示等过程中不断提高核心素养。学生的成长和发展与教师有直接的关系，教师应做到尊重学生，给学生提供足够的安全感和成就感，让学生更主动参与创新活动，能自主计划并作出决定，从而激发学生对自身价值的正确认识及美好未来的良好期待，去创造一个更美好的未来。

作为教育管理者，我会鼓励教师成为学生的指导者，引导他们学会如何学习、如何思考、如何探索未知领域，而不是简单地命令和要求学生服从。教师需要改变传统的教育观念，从单纯的权威和规定者转变为学生的指导者和支持者。他们应该尊重学生的个性和创造力，鼓励学生自由发挥和探

青年教师座谈会

索未知领域。同时，教师还需要提供有效的指导和支持，帮助学生解决学习中遇到的问题和困难，让他们能够在不断探索和实践中获得成长，为未来的发展奠定坚实的基础。

　　和谐的师生关系是维护"师道尊严"不可或缺的一环。在新课程与新教材的实施过程中，教师应更加关注学生的心理状态与情感变化，建立基于平等、尊重与理解的师生关系。教师应关心学生的成长与发展，帮助他们解决问题、克服困难。这种关心与支持使学生感受到教师的温暖与关爱，从而更加尊敬与信任教师，为"师道尊严"的维护提供了坚实的基础。

　　教育者的责任担当是维护"师道尊严"的关键所在。教师需承担更多的教育责任与义务，包括引导学生树立正确的

价值观、培养学生的创新精神与实践能力、关注学生的全面发展等。教师应以高度的责任感与使命感履行教育职责，为学生的成长与未来负责。这种责任担当精神不仅体现了教师的职业价值与社会责任，也赢得了学生与社会的广泛认可与尊重，为维护"师道尊严"提供了有力保障。

｛ 结论 ｝

综上所述，对"师道尊严"的理解应基于专业素养、教学方法、师生关系及教育者责任等多个维度进行全面而深入的分析。唯有不断提升自身素质与能力水平，切实履行教育职责与义务，才能真正彰显"师道尊严"这一教育理念的价值与意义。

打造新型关系，
照亮成长之路

数学课上，小 A 同学转头看向旁边的同学悄悄说了一句话。董老师看到了，大声喊了一声："小 A 同学，注意听讲，上课摸鱼呢！"同学们哄堂大笑。小 A 同学抬起头立马反驳道："我又没开小差，干吗批评我？"董老师一时语塞，不知如何回应，只能再次强调："你还有理由？"小 A 同学拒绝回答。这一幕，刚好被巡课的我在后门看到了。

董老师是刚入职的年轻老师，责任心很强。上课的时候能关注到全体同学，及时发现个别同学的小举动，强化课堂管理。然而，为何有时学生会顶嘴呢？老师应该如何妥善管理呢？为了进一步提升课堂管理质量，我们又应该如何做，

师生关系教师培训

以促进学生健康成长呢?

{ 案例分析 }

事后了解到,小 A 同学其实是在提醒旁边的同学不要在数学课上偷偷看小说。然而,董老师误以为他是在跟同学闲聊,没有认真听讲,于是高声提醒了小 A 同学。由于董老师错怪了小 A,导致小 A 觉得丢了面子,因此无法接受。从一个学校管理者的角度来看,董老师的处理办法确实有待商榷。即使察觉到学生可能在分心,董老师也可以采取更为恰当的方式去提醒,比如轻轻地走近学生,让学生感受到老师的关注;或者通过提问的方式将学生的注意力转移到师生互动上来。此案例中,董老师在没有充分了解事实的情况下,

主观武断地作出了处理，这不仅让小 A 同学难以接受，也让董老师自己陷入了尴尬的境地。

我们知道，课堂上和谐的师生关系，源自彼此间的尊重、理解与信任，以及共同的努力和持续的沟通。这种关系的建立并非一蹴而就，而是需要师生双方在日常教学中的点滴积累与耐心维护，也需要老师有一定的管理艺术和技巧方法。

首先，尊重是构建和谐师生关系的基石。教师应当尊重学生的个性、兴趣与差异，允许学生在课堂上发表自己的观点，鼓励学生主动参与到教学活动中来。当发现同学有"异动"的时候，应以宽容的方式去对待学生，并能巧妙地处理好课堂上发生的问题。当然，学生也应尊重教师的劳动成果，认真听讲，积极学习，以实际行动回应教师的辛勤付出。

其次，信任是师生关系的重要支柱。这种师生间的互信来自双方共同的努力和持续的沟通。教师平时应和学生保持畅通的沟通渠道，加强互动联络感情。这样，在学生发生问题时，教师才会有更大的空间或可能性去妥善解决学生的问题，无论是学生间的矛盾还是学生个人的不良情绪或心理。

最后，课堂上和谐的师生关系除了需要师生双方以尊重、理解、信任为基础，也需要教师提升自己的教育管理能力。只有这样，才能营造出一种积极、健康、向上的学习氛

心理健康教育讲座

围,让每个学生都能够在和谐的师生关系中茁壮成长。

｛ 结论 ｝

建立良好的师生关系,在越来越重视培养学生核心技能的当下有其独特的育人价值。良好的师生关系不仅能让学生有安全感,也能提升其对学校的归属感。让师生关系更和谐,让课堂教学的氛围更温馨,让教育环境更安全,能够使学生感受到向上向善的力量,从而变得更乐于助人,积极阳光,在未知的未来茁壮成长,这对于培养学生交流、合作、思辨、创新及社会公民意识的现代教育来说非常重要。所以在学校的师资队伍建设方面,我以创立新型师生关系为抓

心理健康教育主题讲座

手，要求全体教师做到以下三点：

第一，新型的师生关系更多的是合作伙伴关系。

教师的威严和信誉，源自学生的信任与亲近。受到文化传统的深远影响，部分教师过分珍视个人尊严，过度倾向于通过规章制度来"束缚"学生，通过学生的顺从来维护自身权威。虽然适度的规则对于维持教学秩序具有重要意义，但规则无法完全覆盖教育教学的全部范畴。尤其在现代教育背景下，教师和学生应当构建一个学习共同体，通过相互合作与共同努力来实现个人和集体的成长。教师的品德与能力，而非简单的权威与规矩，才是赢得学生尊重与信任的关键。

第二，学生的心理健康问题应引起我们高度关注。

在当今快节奏生活和沉重学业压力的背景下，许多学生面临着焦虑和不安，内心缺乏安全感。特别是初中学生正处于情绪波动较大的阶段，若教师在教学管理上采取简单粗暴的方式，可能会加剧学生的情绪波动，导致他们变得冲动、封闭，甚至失去学习的动力。因此，我们应重视学生的心理健康状况，采取科学有效的措施，帮助学生缓解压力，维护心理平衡，促进他们的健康成长。

第三，教师适度放手将有助于学生核心素养的培养。

教育教学过程中，事物常呈现两面性。当教师过度控制时，学生思考的空间便会受到限制；同样，过度放纵也可能导致学生的能力发展受限。若教师一味灌输知识，严格把控教学流程，学生可能会变得懒惰，缺乏主动思考的动力。在完全服从教师指导的环境下，学生缺乏交流和沟通的机会，这无疑限制了他们质疑和创新思维的发展。相反，当教师适度放手时，学生将有更多时间去独立思考、交流合作。这样的教学方式不仅有助于打破对学生思维的束缚，更有助于培

主题班会课课堂

养他们的质疑和创新思维。然而，放手并不意味着放任自流。作为一位明智的教师，应确保在放手的同时给予学生正确的引导和指导。要善于发现学生在学习过程中遇到的问题，并协助他们解决，从而推动学生核心素养的提升。

教师教育观念的改变，带来的是教学方式的改变，而更重要的是带来了学生学习方式的改变。一位学习成绩优异的学生，应该兼顾丰富多彩的心理世界和精神世界，从而实现人生价值。作为教师，我们需要明白应该培养什么样的人，也应该明白我们怎样去培养人，构建新型的师生关系，是为学生健康成长保驾护航的第一步。

"斜杠"老师助成长，
全面发展铸栋梁

{ 案例背景 }

"你的数学是体育老师教的吧？"相信很多人都听过这句调侃。虽然是句调侃，但是每次开学前看到各位教师申报的社团活动里，不乏这种"跨界"：有语文老师申报"健美操社团"的，有数学老师申报"围棋社团"的，有英语老师申报"汉服社团"的，有物理老师申报"书法社团"的……作为教育管理者，看到如此缤纷多彩的社团活动，内心是欣喜的，同时又引发了新的思考，即如何提升全体教师的综合素养和能力，以促进学生的全面发展？如何优化学校的教育资源，最终为跨学科教学的顺利开展以及学生创新思维实践能力的培养起到助力作用？

{ 案例分析 }

近期，网络有一个热词叫"斜杠青年"，它来源于英文Slash，出自《纽约时报》专栏作家麦瑞克·阿尔伯撰写的书籍《双重职业》，指的是一群不再满足"专一职业"的生活方式而选择拥有多重职业和身份的多元生活的人群。这些人在自我介绍中会用斜杠来区分，例如，张三，记者/演员/摄影师，"斜杠"便成了他们的代名词，在学校这个特定环境里，"斜杠青年"指的就是教师的一专多能。"专"就是要求教师对本专业的知识要精熟。"多能"是教师在教学活动中，将邻近学科与本专业的知识相联系，能够触类旁通、左右逢源。因此，"一专多能"就是要求教师要兴趣广泛，要会渗透式教学，这也是教师岗位职责和新课程方案提出的要求。显然，要胜任新时代培养新型人才的要求，教师决不能再是传统的"传授"型教师，更不应是"一门课、一本书、一本教案讲多年"的单一型教师，而应是纵向专、横向宽，一专多能型教师，这是教育持续稳定发展的重要保证。教师只有具备广阔的知识面，才能站在知识的前沿，才能更准确、更有效地指导学生探究性地学习，引导和鼓励学生扩大知识面以及具备创新精神。

提倡教师的一专多能，具体讲有两类：一类是以专业为主线，邻近相关学科为辅线的课程发展。这对跨学科的教学

学校迎新活动中教师才艺展示

教师指导啦啦操社团

教师指导鼓号社团

十分有利。新课程方案指出，在学科类新课标中必须"设立跨学科主题学习活动，加强学科间的相互关联，带动课程综合化实施，强化实践性要求"。从学生的成长规律来看，如果没有实践能力和创新精神，就算学生基础扎实也不过是在重复过去的知识。所以设立跨学科主题学习活动，加强学科间的相互关联，注重培养学生在真实情境中综合运用知识解决问题的能力十分重要。而这就对教师提出了更高的要求，教师必须一专多能，一专多能是新课标下教师应具备的基本素质。

　　另一类是跨专业的横向发展。例如，语数英老师向德育、美育、音乐、绘画等其他方面的发展。这不仅能带社团课，还能增加教师的人气。试想一个会写书法的物理老师或者会教乐器的数学老师会对学生带来多大的冲击力？在某种程度上来说，也会带动学生学习这个老师本身执教课程的学习热情。

　　记得俞敏洪在杨澜的一次访谈中提到："专才越专越好，

教师开设剪纸、空竹、"模拟法庭"、十字绣等课程

但实际上，纯粹的专才一般来说，比较难以做出巨大的成就来，原因是他没有多角度思维的能力，所以你会发现爱因斯坦是个专才，但是他的小提琴拉得特别的好，而且他文科知识其实也是非常的丰富。像亚里士多德这样的人，既是数学家、物理学家，又是哲学家。所以并不存在专才和通才之间有一条严格的切割线，如果你偏向'专'，那么更多的时间在'专'上，但是有一部分时间也在'通'上。如果你愿意偏向'通'，那么更多的是在'通'上，但是依然有一部分时间，你要保持一个专业的相对较好的状态。"

因此，不论是"通"基础上的"专"，还是"专"基础

教师开设古筝课程

教师指导诵读社团

上的"通",最终受益者均为学生。在面对时代的新需要时,学生需要获得更全面的知识和能力,以应对现实生活及未来世界的挑战,具备跨学科素养的教师将更能适应这种时代需求。身为教师,在拥有某一学科专业素养的同时,拓展知识面、培养自身综合能力不仅有利于个人发展,也有利于学生的成长道路更加宽广。

{ 结论 }

在当下教育领域跨学科与项目化学习蔚然成风的背景之下,学校对于具备多元化能力的教育者的需求愈发迫切。教师的角色已不再局限于某一特定领域,而是向着"一专多能"的全面发展迈进。这不仅是教育变革的必然趋势,也是

教师实现自我价值、提升个人能力的关键路径。在当前新课程改革的大背景下，学校教师队伍以青年教师为主力军，这意味着我们需要更加重视和加强教师培训工作，以确保他们能够快速成长。年轻化的师资队伍也为我们带来了无穷的活力与创新潜力。在激发教师自我发展意识的同时，学校也必须在制度层面给予强有力的支持，提供必要的技术保障，为他们搭建广阔的发展平台，并预留充足的时间与空间。尽管在师资队伍建设过程中会面临诸多挑战与困难，但我坚信，通过我们不懈的努力与实践，学校"斜杠青年"教师的数量与质量必将得到进一步提升，从而为学生们的多元化兴趣发展提供坚实的支撑与引领。

全程育人篇

心的呵护，
梦的起航

{ 案例背景 }

小张妈妈："老师您好，我家孩子基础比较差，不能很好地跟上课堂节奏，能不能请您上课放慢一点速度，平时作业也布置得简单一点？让孩子慢慢来，这样也不会打击他的自信心。"

小唐妈妈："老师，我家孩子说课上的内容都太简单了，她看一眼就会了，作业在学校就做完了，可以请老师课上讲得深入一点吗？我家孩子学有余力，学校里讲的内容根本不够'吃'呀。"

这两段文字分别反映了同一个班级中两位不同学生家长对老师教学要求的差异。一方面，小张妈妈恳请老师能够适

当降低课堂授课和作业布置的难度，以适应她孩子的学习水平。另一方面，小唐妈妈则认为当前的教学难度不足以满足她孩子的学习需求，希望老师能够进一步提升教学难度和作业要求。这种来自不同家长的不同的期待和要求，无疑给老师增加了许多压力和挑战。

{ 案例分析 }

在 40 人左右集中授课的背景下，课堂中教学内容的难度调整一直是一个备受关注的话题。部分家长对于调整课堂内容难度的呼声，无疑带有合理性和正当性。这背后所体现的是对学生个体差异的深刻认识和对教育公平性的不懈追求。

众所周知，学生作为教育的主体，他们在基础知识、智力水平、潜在能力、学习动机以及学习方法等方面均存在着显著的个体差异。这种差异导致他们在接受教学信息时，如同在各自的舞台上演绎不同的角色，呈现出丰富多彩的反应和效果。有的学生天赋异禀，对新知识充满好奇和渴望；有的学生则可能在某些方面稍显不足，需要更多的时间去理解和消化。

在传统的教学模式中，教师常常以班级中大多数学生的水平为基准，来确定教学内容的难度。这无疑是一种平衡之策，但不可避免地会造成"一刀切"的现象。这就像是给所有学生穿上同样大小的鞋子，虽然能够暂时满足大多数人的需求，但忽略了那些脚型特殊、需要特别关照的学生。因此，一部分学生可能会感到教学内容过于简单、缺乏挑战性，而另一部分学生则可能会觉得难度过高，甚至产生抵触情绪。这种"一刀切"的教学模式不仅影响了学生的学习动力和兴趣，还可能阻碍他们在各自的基础上实现最大化的发展。毕竟，每个学生都是独一无二的个体，他们各自有着不同的发展轨迹和潜力。如果我们用同样的教学内容和难度去要求他们，既不公平也不科学。

（一）关注学生的情绪和需求

从学校管理者的视角出发，首先必须关注学生的情绪和需求。这就像是种植一棵树，我们不仅要关注它的生长速度，还要关注它的生长环境、土壤条件、气候条件等因素。只有这样，才能确保每棵树都能在自己的土壤中找到最适合自己的养分，茁壮成长。

具体的做法是：开展定期的学生调查，了解他们对教学内容难度的反馈和建议；在课堂教学中实行分层教学和分层作业，针对不同学生的需求和能力进行个性化对待；同时，加强与家长的沟通与合作，共同促进学生的全面发展。

（二）开展满足学生需求的个性化课程

通过个性化课程的实施，能够更好地满足学生多样化的学习需求，确保每个学生都能在其能力范围内接受适合自己的教学内容，从而实现他们在原有基础上的最大化发展。

开展个性化课程有其教育学依据。因材施教原则是指教育者在教育过程中，应根据学生的年龄特征、个体差异以及发展现状，采取不同的方法和措施，加强教育的针对性和实效性。要贯彻这一要求，需要注意学生的个别差异，根据不同学生的特点，选择不同的内容和方法进行教育，防止一般化、成人化、模式化。因此通过开展个性化课程，不仅能够激活学生学习动力，还能兼顾学生个体差异和发展需求，使

分层教学课堂

个性化辅导

不同学生通过适合自己的方式获得最大程度的发展。

1. 鼓励"学优生"自主学习和探究

针对课堂上学有余力的学生，学校特别设计了个性化课程体系。该课程不仅注重学科知识的系统积累，更侧重于激发学生的自主学习潜能和培养学生的全面能力。为确保每位学生得到充分关注与引导，班主任及任课老师将加强与学生的沟通联系，鼓励他们不仅聚焦课堂内的学习，还需广泛涉猎课外读物和深入探究各类问题。通过实施项目化学习和小课题研究等创新教学方式，帮助学生拓宽知识视野，提升综合能力，从而实现更高层次的发展。在学习过程中，教师将随时提供必要的指导和援助，解决学生在自主学习和探究过

程中遇到的难题，最终促进学生能力的拓展和个性的充分
发展。

2. 强化对"学困生"的关爱和帮助

对于在课堂上学习进度较慢的学生，我们特别注重增强
教师对他们个体的关怀与尊重。在日常的教学工作中，我们
采取了差异化的教学策略和作业布置，以便更好地适应他们
的学习需求。此外，我们还加大了对这些学生的辅导和支持
力度，协助他们逐步达成预设的小目标，从而逐步建立自信
并增强成就感。针对各学科的学习难点，我们专门安排了作
业辅导老师，负责解答学生的疑问和困惑；同时，我们还为
有特殊需求的学生（如随班就读生）配备了助理教师，全程
陪同他们参与课堂活动。这些教师以耐心和专业的态度提供
辅导，极大地缓解了这些学生的焦虑情绪，提升了他们的自
信心和学习动力。

个别辅导

｛结论｝

在学生的成长过程中，无论是学业上的佼佼者还是在学习上遇到困难的同学，他们各自的需求和挑战都值得我们深入了解和关注。我们不能仅仅将视线局限在学生的学业成绩上，更要关注他们的情绪和心理状态，为他们提供全方位的个性化支持和帮助。

对于所谓的"学优生"来说，他们通常在学业上表现出色，但这并不意味着他们在其他方面没有问题。这些学生在追求学业成就的过程中，可能会面临巨大的压力，担心自己的成绩下滑，害怕失去优秀学生的光环。此外，他们可能也会因为过度专注于学习而忽略了社交、体育等方面的发展，导致生活单调乏味，缺乏多元化的人生体验。因此，我们需要关注他们的心理健康，鼓励他们保持积极向上的心态，学会合理调节压力，并通过自主学习和探究培养自身的综合素质和全面能力。

而对于"学困生"来说，他们在学业上面临的困难可能会对他们的自信心和心理健康造成负面影响。这些学生可能会感到自卑、无助和焦虑，甚至产生厌学情绪。在这种情况下，我们更需要给予他们更多的关心和支持，帮助他们找到适合自己的学习方法，激发他们的学习兴趣和动力。同时，我们也需要关注他们的心理状况，及时发现和解决他们的心

理问题，让他们感受到来自老师和同学的关爱和温暖。

为了实现这一目标，我们可以采取一系列措施。首先，我们可以加强与学生的沟通交流，了解他们的需求和困扰，为他们提供有针对性的建议和指导。其次，我们可以组织丰富多样的课外活动，让学生有机会展示自己的才华和兴趣，培养他们的综合素质和社交能力。最后，我们还可以邀请专业心理辅导师来校开展心理健康讲座和培训，帮助学生提高心理素质和应对压力的能力。

总之，无论是"学优生"还是"学困生"，他们都需要我们在学业和心理方面给予足够的关注和支持。只有这样，我们才能真正实现教育的目标，培养出既具备知识又拥有健康心理的全面发展的人才。

注重差异，
多元评价助力学生个性发展

﹛ 案例背景 ﹜

曾经，有老师问我：校长，我给全班学生布置了一项研究性作业，要求学生分析莎士比亚的一部剧作。我的本意是想提高学生学习英语的积极性和兴趣，但结果，一些英语基础薄弱的学生感到沮丧，因为他们觉得任务过于艰巨，而一些高水平学生则因为缺乏挑战而感到无聊，我该如何作出调整才既能提高基础薄弱学生的参与感，又能引起那些高水平同学的兴趣？

这个现象属实常见，老师们为激发学生学习的动力，在作业设计和布置方面想了许多办法，但结果往往不尽如人意，对于班额数较大的老师来说确实有难度。"双新"背景

下，如何形成差异化作业、进行多元化教学评价，对于促进学生个性化发展至关重要。

{ 案例分析 }

在传统教育评价体系中，通常采用统一标准测试来评估学生的学习成果，这种方法易于量化和比较，但往往忽略了学生的个性化需求和发展潜力。正如前面所提到的，单一的任务难度不能适应所有学生的能力水平，导致部分学生感到挫败，而另一部分则缺乏挑战性。

我们也始终坚守教育的根本宗旨——培养全面发展的学生。为此，我们在不断探索和实践多元化的教学评价体系，以激发学生的潜能，促进其个性化发展。对于学生的教学评价，我们着重从以下三点入手：

第一，实证化评价和人文化评价并举。

在教育评价中，为了更好地理解学生全面发展的需要，结合实证化和人文化评价是至关重要的。所谓实证化评价，可以关注于可量化的学习成就，比如考试成绩、标准化测试结果等，这些数据有助于快速评估学生的学习能力和学习效果。但光注重实证化是远远不够的，我们仍然需要重视人文化评价，即注重学生的个人发展、情感态度、价值观念等内在素质的培养，这通常需要我们教师的观察、同学和家长的

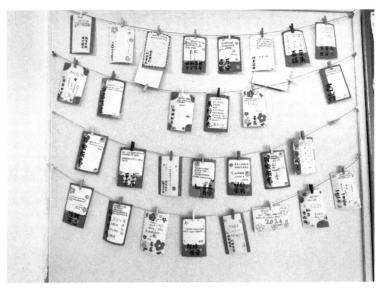

手绘卡片墙

书法社团迎新送"福"活动

反馈以及自我评价等方式来获取信息。例如，采用电子投票系统收集学生对课程内容的喜好和反馈，即人文化评价，同时通过期末考试的统计数据分析学生成绩分布和掌握知识点的情况等，即实证化评价。

我们重视知识传授，同时关注观念养成和性格培养。通过开展丰富多样的课程和活动，如社会实践、志愿服务、科技创新竞赛等，学生不仅能够掌握必要的学科知识，还能在实践中形成正确的价值观和世界观，培养责任感、合作精神及创新意识。

第二，诊断性评价、形成性评价和总结性评价并举。

这三种评价方式的结合能够全面地跟踪学生的学习进程和成果。诊断性评价通常用于了解学生开始新课程或新学年

水下机器人和无人机课程

的起点，如通过前置测验确定学生的入门水平。形成性评价伴随教学过程进行，它包括课堂讨论、作业检查、小测等，帮助学生和教师监控学习进度，并及时调整教学策略以适应学生的需求。总结性评价则在学习单元或学期末进行，用以评估学生在某一时间点上对知识的掌握程度和学习成果。例如，我们可以在课程开始时进行诊断性评价，随后在每个单元结束时通过小测试进行形成性评价，最后在学期结束时通过期末考试进行总结性评价，实现诊断性评价、形成性评价和总结性评价的并举。

第三，多元化评价和学生个体差异评价并举。

考虑到不同的学生可能需要不同的评价方法来展示他们的能力，我们同样可以采用项目作业、口头报告、艺术作品、团队合作任务等多种形式评估学生的才能和技能。为了

"海绵校园我来建"
项目化学习小组汇报

兼顾学生个体差异，强调每个学生都是独特的，在评价时也应考虑学生的背景、兴趣和个人潜力。在实际教学中，老师们可以设计多样化的项目让学生选择，以满足不同的学生需求，而不是一贯地以完成任务为目的。当然，也可以通过一对一会谈来了解每个学生的目标和挑战，进而提供个性化的反馈和指导。

在教学评价方面，我们不满足于传统的考试评价方式，而是采用更为全面的评价体系。除了常规的学科成绩评估，我们还引入了课堂参与度、课外活动表现、团队合作能力等多维度的评价指标。例如，我们利用电子平台记录学生的课堂互动情况，鼓励学生在课堂上积极发言、提问，这些数据最终成为评价学生表现的重要参考。

同时，我们的育人实践还包括全员导师制，每位教师都

育人导师与学生互动交流

担任学生的导师，关注学生的学习生活，为他们提供指导和帮助。通过这种密切的师生互动，我们能够更深入地了解每个学生的特点和需求，从而为他们提供更为个性化的教育支持。

{ 结论 }

作为教育者，我们的责任是构建一个既反映学习成绩又重视学生个人发展的评价体系。这样的体系能够更准确地反映每个学生的全面发展状况，帮助他们认识自己的长处和可提升空间，从而激发潜能，促进其终身学习。多元化的教学评价正是促进学生个性化发展的重要途径。通过不断探索和实践，我们希望能够为学生提供一个更加公平、合理且富有激励性的学习环境，从而帮助他们实现全面而独特的成长。

混龄同行，共奏成长乐章

{ 案例背景 }

合作精神在学生成长过程中具有不可替代的作用。严谨的态度和稳重的性格，能让学生在合作中充分展示其潜力和价值。合作不仅有助于学生学会与他人有效沟通和协调行动，还能培养其逻辑思维和理性分析能力。

{ 案例分析 }

在合作过程中，学生需倾听他人意见，尊重他人观点，从而培养同理心和包容度。通过合作解决问题，学生能够锻炼沟通技巧和团队协作能力，为未来的学习和工作奠定坚实基础。同时，合作精神让学生深刻领悟到团队力量的重要性，明白只有团结一致、共同努力才能取得成功。这种集体荣誉感将激励学生更加积极地参与合作，为团队贡献自己的力量。

（一）传统教学方法的弊端

无论是合作学习还是师生互动，往往需要教师与学生的双边努力，这是最令人满意的一种教学现状，但在现实的教学实践中，仍然存在一些传统教育模式和教学方法，抑制学生的全面发展。

当教师把自己看作是知识的传递者和权威，而学生则是被动的接受者，那么以教师为中心的传授式教学方式限制了学生批判性思维和创造性思考能力的发展；学生学习中缺乏合作与质疑。这种方式限制了学生社交技能和团队合作能力的培养；在某些情况下，学生被要求模仿教师的示范或按照固定的步骤重复练习，而不被鼓励去探索知识背后的原理或发展自己的解决问题的方法，这种"填鸭式"教学导致学生的创新精神和自主学习能力受到抑制；教学过于强调标准化和一致性时，这种"一刀切"的教学方法不能满足每个学生的个性化发展需求，同时忽略了学生情感和身心健康，对学生的长期发展产生负面影响。

随着新中考改革的不断推进，广大教师的教育教学理念

科创课堂内的小组合作

旱地冰球社团

也在不断更新，在推进学校的项目化学习的同时，作为学校的掌舵者，我想从不同年龄层次间学生的合作能力培养入手，来促进学生的全面发展。

（二）混龄式项目化学习：教育模式的创新与实践

学校教育已不再局限于传统的知识传授，而是更加关注学生的全面发展和个性化成长。合作学习和师生互动成为推动学生个体发展的重要手段。我倡导教师引入"混龄式共享社团"的理念，即让不同年龄段的学生共同参与同一课程，以促进学生间的相互学习与合作。这一模式旨在培养大龄学生的责任感、领导力和沟通技巧，同时也能增强低龄学生的学习动力、自信心和问题解决能力。

通过共享社团，实现真正的跨年龄段互动，既有助于深化对知识的理解和应用，又强调合作学习和师生互动。在此环境下，学生能在学习过程中相互扶持、共同探讨。这一教育模式有利于培养学生的团队合作精神、沟通技巧及问题解决能力，同时也促使教师从传统的知识传授者转变为学习引导者和支持者。

通过共享社团，我们将合作学习和师生互动的理念融入学校管理，以期实现"共享生命成长"的美好愿景。

该模式融合项目式学习的方法，主要方式如下：

1. 热身活动

课前，教师组织一个简单的自我介绍环节进行破冰游

编程社团交流互助

戏，比如"名字接龙"或"快速问答"，让学生在轻松愉快
的环境中相互了解，减少年龄差异带来的隔阂。

2. 问题导入

教师用驱动性问题激发学生的兴趣和思考，同时导入当
天的核心主题，并共同商定合作学习中的规则及评价量规。

3. 自主分组

在教师介绍任务之后，由学生讨论交流任务完成的方案
和计划，并以此来分组，每组4—6人，确保每个小组内成
员的年龄和能力水平有所差异。组内同学可轮流担任小组的
领导者或助理角色，小组组员可不定期更换。

4. 任务分配

合作小组内自主分工具体的任务或项目，由组长进行协
调和管理。

5. 互助学习

在完成任务的过程中，高年级学生负责向低年级学生解
释技术要点、提供技巧指导，并协助他们完成更复杂的部
分。同时，鼓励低年级学生提出创意想法，让其他同学尝试
不同的方法，从而促使双方都能从中学习。

6. 资源共享

教师提供各种绘画材料、参考书籍、网络资源等，鼓励学生在小组间分享使用，以丰富他们的创作灵感和技巧，在必要的时候进行指导。

7. 反馈与讨论

教师协调各小组学生分享交流合作中遇到的问题及解决策略，并给出专业的反馈。同时鼓励学生相互评价，并提出改进建议。

8. 成果展示

各小组轮流展示自己的作品，并分享他们在合作过程中的经验、挑战以及如何克服这些挑战。其他小组成员和教师可以提问或给予建议。

9. 课程总结

教师对活动进行总结，强调合作的重要性和每个学生的收获，同时预告下一次的主题。

在学生的整个交流合作的过程中，教师所起的作用是非常关键的：

其一，有效的组织和管理。教师为学生提供非常有效的

"生生互助"来帮助学生通过学习培养合作能力。帮助学生设定清晰的目标和规则，确保学生明白合作的目的和预期结果，也可以利用角色扮演、模拟游戏等方法激发学生的学习兴趣和互动。

其二，在学生阅读过程中，教师通过观察和巡视，指导和帮助学习解决完成活动过程中的问题，同时去关注每个学生的参与程度，确保没有人被边缘化。这是师生合作一个非常有效的方式，在学生需要帮助的时候提供必要的帮助。

其三，教师通过精心设计和安排，有效地给学生提供学习支持，并按步骤进行有效地合作交流。提供机会让大的学生担任小组领袖或助教角色，提升他们的责任心，教师也可以使用评价表或反馈机制来评估个人和小组的表现，以及合作的效果，从而调整下一步的教学计划和安排。在学生需要帮助时，教师可以随时提供技术支持与专业帮助，与学生共同商讨问题的解决方法，这便是生生合作之外的师生合作。

（三）混龄合作学习，共享生命成长

1. 混龄式合作学习的实践与优势

混龄式合作学习作为一种课程形式，强调学生之间的互助与合作，以及师生之间的互动与共享。在学校提出的"混龄式共享社团"中，学生通过相伴的学习方式，相互帮助，

共同进步。这种合作学习的模式有助于培养学生的团队合作精神、沟通能力和解决问题的能力，能够有效促进学生社交能力的发展，为同学们提供了与不同年龄伙伴交往的机会。因此，这样的环境可以帮助他们学习如何与他人合作分享、关心帮助他人，培养良好的人际交往能力和社会适应能力。

年龄较大的学生在混龄课堂中有机会担任领导者的角色，有助于培养他们的领导力和责任感，也让年龄较小的学生有学习的榜样。不同年龄的孩子在认知、兴趣和能力上存在差异，该课程可以让同学们相互学习，分享彼此的经验和知识。年龄较大的学生可以向年龄较小的学生传授自己的技能，而年龄较小的学生也可以从年龄较大的学生那里获得新的启发和视角，从而丰富学习的内容和方式。

2. 合作学习中教师的作用

师生互动是教育过程中不可或缺的一部分。项目化学习过程中不仅是学生之间的合作学习，也同样是师生互动交流的场所。教师的角色从传统的知识传授者转变为学生学习的引导者和支持者，通过观察和巡视，可及时发现学生在阅读过程中的问题，并提供必要的帮助。这种及时的反馈和支持有助于学生建立自信，激发学习兴趣，从而实现个人成长。同时，教师也可以从学生的反馈中获得教学上的启示，不断调整和优化教学方法。

智能小车交流互助

3. 创建民主和谐的成长空间

合作学习中非常重要的一点是学习氛围。给学生创设民主和谐的学习氛围可以激发学生的学习动力和学习热情，使他们更加积极地参与学习活动。同时，民主和谐的氛围有助于培养学生的创新思维、批判性思维和合作能力，从而促进他们的全面发展。教师应该建立平等的师生关系，营造宽松的学习氛围以及促进小组合作与交流，同时尊重每个学生的个性和特点，允许他们在课堂上发表自己的观点，鼓励他们展示自己的才能，促进全面发展。

｛结论｝

采用混龄式合作学习的方式后，我们欣喜地看到学校文化环境愈发和谐，以及学生间的合作与创新愈发深入。合作精神对学生成长具有深远影响。它不仅有助于提升学生的社交技巧，还能强化自我认知，为未来成长奠定坚实基础。因此，我们将继续鼓励学生积极投入合作，培养合作精神，为他们全面成长提供坚实支持。同时，我们也意识到，混龄式合作学习并非一蹴而就的过程，它需要老师们的精心设计和引导，以及学生们的积极参与和配合。老师们可以通过合理的教学设计，创设出富有挑战性和趣味性的合作任务，以激发学生的合作兴趣和动力。同时，还应及时给予学生必要的指导和反馈，帮助他们解决合作过程中遇到的问题，提高合作效果，只有这样，他们才能在合作中相互学习、相互启发，实现共同成长。

　　总之，混龄式合作学习是一种富有成效的教学方式，它有助于培养学生的合作精神、社交技能以及自我认知能力。在未来的教育实践中，我们应继续探索和完善这一教学方式，为培养更多具有创新精神和实践能力的人才贡献力量。

从"C位"之争谈
课堂组织管理

"老师,您好,能否帮忙把我家孩子的座位换到第三排中间的位置?他的视力不是很好,坐在后排看不太清黑板上的字,会影响他的学习,打击他的学习积极性。"

"您好,小张同学妈妈,您的孩子身高比较高,坐到教室前面来的话,会挡了其他同学的视线的,非常抱歉,建议您给他配副眼镜矫正一下视力,这对他和其他同学都有好处。"

"老师,戴上眼镜就脱不下来了,何况他容易开小差,坐前排中间可以让他注意力更集中,请老师帮帮忙。"

如果说某年春节联欢晚会节目《占位子》中几位家长为自家孩子的座位争吵不停的情景,反映了许多家长为自己的

孩子争取利益的显性问题，那么，上述家长对老师私下提的要求，更令班主任为难，因为提出这样要求的家长并不鲜见，我能理解家长的心情，也能感受到班主任的难处，也在想尽办法去破解这个问题。

{ 案例分析 }

不可否认，个别家长向老师提出为自己的孩子调座位的要求有其一定的合理性。事实上确实有学生视力不太好却不愿意戴眼镜；有的孩子在课堂注意力方面不够集中；或者有家长觉得自家孩子坐在某某同学旁边更有利于互帮互助。但当许多家长提出有利于自己孩子的要求时，班主任要面对的则是自己是否能公平对待每一位同学，同时学生座位的安排是否更有利于班级的管理和全体同学的共同成长。从学校管理的角度看，又如何去帮助班主任解决这样的难题呢？于是，我想从座位变革入手。

传统的"排排坐"造成的结果是后面的学生每天看着前面学生的后背，这种安排增加了同学间交流合作的难度。而一旦班额数较大的话，后排及边上的同学不容易看清黑板上老师呈现的知识点，也更容易被忽视，这也是许多家长提出换座位要求的原因之一。由"排排坐"改成"围着坐"，意味着学生从"看同学后背"改成"同学间面对

面、肩并肩"，可以有效地促进学生间的合作和交流，提升学生在课堂教学中的参与度，有利于全体学生的共同成长。

学生座位面对面布局有其教育心理学和社会学的依据。教育心理学认为，良好的学习环境有助于激发学生的学习兴趣和积极性，进而促进学习效果的提升。而社会学则指出，人类是社会性动物，我们的行为和认知在很大程度上受到周围人的影响。因此，通过座位面对面的布局方式，学生不仅能够更直接、更频繁地与同伴进行交流和互动，还能在这种互动中深刻体验到合作与分享的重要性。

要让座位面对面布局真正发挥其优势，需要教师在实施过程中采取一些具体的策略。首先，教师应根据课程和活动需求灵活调整学生合作小组人数以最大程度地发挥座位面对面布局的优势。其次，教师应关注每个学生的需求和感受，为他们提供足够的支持和指导，定时轮调小组成员以增加学生的接触面，强化不同学生间的交流。最后，在学生自愿组合的基础上，保持同一合作小组中相邻同学之间有学习基础的差异性，方便基础差的同学可以随时得到边上同学的支持和帮助。对于一些性格内向或不喜欢与他人交流的学生，教师可以鼓励他们积极参与讨论和任务，帮助他们逐渐适应座位面对面布局。具体学生座位安排如下图所示：

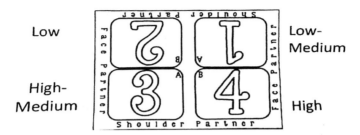

上述图表中，编号 1、2、3、4 的学生分别代表学习能力处于较低、低、较高和高水平的群体。在充分尊重每位学生个人意愿的前提下，我们采用 4-3-2-1-4 的座位排列方式，旨在使学生能够在邻近位置找到与自己学业水平相近或更为优秀的伙伴，以促进交流与学习。对于编号为 4 的高水平学生而言，这种座位安排不仅不会对其产生不利影响，反而能够为其提供更多的学习与交流机会。虽然他们在某些方面表现出色，但并不意味着在所有领域都具备绝对优势。同样，编号为 1、2、3 的学生也并非毫无优点。这种能力差异为学生之间的相互学习和帮助提供了广阔的空间，有助于提高课堂活动的参与度和任务完成质量。

此外，编号为 4 的学生在帮助编号为 1 的学生时，不仅能够锻炼自己的判断和分析能力，发挥自身的特长和优势，还能在学会接纳和包容的过程中提升自己的综合能力。同时，他们在帮助他人的过程中将体会到强烈的成就感和责任感，这正是我们育人目标中素养导向下立德树人

理念的体现。

｛结论｝

在学校各班级的实践应用中，座位面对面布局已经取得了显著的效果。首先，这种布局方式促进了学生间的交流与合作。面对面的座位安排使得学生能够轻松地与同桌或邻桌的同学进行讨论、分享观点和经验。这种直接的交流方式不仅增加了学生之间的互动频率，还培养了他们的口头表达能力和倾听能力。其次，座位面对面布局有助于增强学生的团队意识和集体荣誉感。在面对面的交流中，学生需要共同解决问题、完成任务，这要求他们具备团队协作能力和集体责任感。通过多次的团队合作，学生逐渐明白每个人都有自己的角色和责任，只有共同努力才能实现团队的目标。最后，这种布局方式还能提高学生的参与度和自信心。每个学生都有机会参与到课堂讨论和任务中，成为团队中不可或缺的一员。教师的及时反馈和指导也使得学生更加自信，愿意积极参与课堂活动，从而提高了他们的学习积极性和参与度。

同时，在课堂教学中，老师们感受到了一些挑战：其一，面对面座位的布局在方便学生交流的同时，无疑增加了课堂管理的复杂性。为确保课堂秩序井然，教师们必须具备

教师指导鼓号队

智能小车课堂

更高水平的课堂调控能力。其二,部分性格内向或偏好独立学习的学生会对这种布局方式感到不适或产生压力,需要教师在实施时充分考虑学生的个性化需求,给予更多的关注。其三,合作学习的氛围和良好的合作习惯及效能需要教师和学生共同去维护,需要教师能够根据实际情况,必要时灵活调整座位布局,而不是一成不变,以增加学生之间的交流范围,提升合作学习的效能。

手工课堂

编程课堂

　　在学生未来的生活和工作中，不可避免地要面对性格各异、能力有别的同事或伙伴，就如同现在他们必须面对不同的同学一样。课堂教学过程中座位的合理安排能让不同特质的学生找到适合自己的位置，学习别人的优点，发挥自己的特长和能力，为未来积累能量，做好准备。

用"爱"滋养，
静等花开

{ 案例背景 }

初三，临近一模考试，班上学习氛围浓厚，学生你追我赶，奋勇争先；老师全身心地投入，争分夺秒地讲解知识点。在忙碌的学习生活中，出现了几个插曲……

你在干什么！

临近下课，因为有一个紧急通知要告知学生，我悄悄地走近教室，在门外静静地等候。这一堂课是化学课，学生们有的眼睛紧紧地盯着化学老师，还不时地点点头，似乎心领神会；有的不失时机地在本子上记着笔记，好记性不如烂笔头嘛。孩子们那投入的神情，端正的坐姿，看得我由衷地感

到欣慰。

"咦，小轩的眼睛为什么盯着课本一动不动，难道他走神了？下课我要好好提醒他，一定要提高课堂的听课效果。"下课铃响了，老师宣布下课，有的学生马上围住化学老师请教问题，有的在小声地讨论着什么。此时的小轩仍是坐在座位上岿然不动，我走近窗户，仔细一看，原来在小轩的桌肚里平平整整地放着一本课外书，他用巧妙的姿势掩人耳目，骗过了老师的眼睛，看似在看化学书，实则被课外书深深地吸引了。要知道小轩是一个头脑灵活、极有潜力的学生，但化学恰恰是他的薄弱学科，因此也严重影响了他的总成绩。我也曾多次耐心地与他沟通，让他在化学学习方面多花些精力，尽快赶上来。每次他都欣然答应，可现在……我顿时火冒三丈，冲进教室，一把扯过小轩的课外书："你在干什么！"快速地把通知告诉学生后，厉声甩下一句话："小轩，跟我到办公室！"

你不用解释！

小轩一路小跑，双手不停地揉搓着，低着头走进了办公室。"老师，我……""你什么？马上就要进行一模考试了，时间这么紧张而你还在课上看课外书，你知不知道化学是你的弱科，是给你拖后腿的，课下不问问题就罢了，课上还不认真听讲，还挥霍时间，你想干什么？再者你这样看课外书，也影响班级的学风……""老师，我这本书……""你这本书，就别想拿回去了！"我顺手把书狠狠地扔到了自己不常用的一堆书中。"老师，我其实……""其实什么？你不用解释！我打电话给你妈妈，让她晚上在家好好监督你的学习，不要再肆意地浪费时间，也不许把课外书带到学校来了！"我没有给小轩一点解释的机会，如连珠炮般把自己心中的怒火一一发了出来。预备铃响了，我仍然怒目圆睁瞪着小轩："上课去吧！"他嘴角抽动着，脸憋得通红，手仍然不停地摩挲着。"没听到吗？上课去了！"小轩快快地走了，在关门的一瞬间我分明看到了他那十分委屈又略显敌意的眼神。

"我可是为你好啊，马上要进行考试了，你不珍惜时间，把握机会，那就只好让我来严厉地提醒你，希望你能意识到自己的问题所在，能尽快转变，查漏补缺，各学科均衡发展……"我心中思忖着，也盼望着。

因为你嫁不出去！

接下来的日子，我格外关注小轩的一举一动，希望我的话语能够点醒"梦中人"，希望能够看到他的变化。

但是事与愿违，经过这次事件后，小轩非但没有端正学习态度，反而作业的完成质量越来越差。作业本上往往答非所问。

"难道是我的教育方法出现了问题？可是该懂的道理他已经了然于心，该鼓励的话语我也从不吝啬，在关键时刻他为什么不能理解老师的良苦用心呢？"我反思着，苦恼着。

一节语文课上，我们做到了一篇阅读理解：在困难年代，"我"的后母为了能减轻家里的负担，让"我"吃饱饭，而把自己的亲生女儿远嫁他乡。为了引导学生理解后母对"我"的爱和后母的美好品质，我提出了一个问题："后母为什么把自己的女儿远嫁他乡，而不把'我'嫁出去？"话音刚落，学生们正在思考怎样回答时，忽然传来一句冷冰冰而又字字清晰的话语："因为你嫁不出去！"不是玩笑，不是幽默，分明每个字都充满着不屑与愤怒。凭着声音我迅速判断出这是小轩，显然他偷换了概念，把文中的主人公"我"变成了此时正在提问的"我"，毫无疑问他是通过这一方式在表达对我的不满。教室里的空气顿时凝固了，学生们都屏住了呼吸，好像在等待着什么。怒火燃烧了我的整个胸膛，但我强制自己保持冷静，脑海中迅速回想起这几天发生在他身上的事情，如果我跟上次一样强硬地训斥他，势必"双输"：我生气、他叛逆。我何不用另一种方式来解决呢？于是我面带微笑地回应："如此说来我要感谢我的丈夫，他真的给社会解决了大困难。"班级学生一下子放松下来，哈哈一笑，小轩则羞红了脸。接着我从容地把话题转移到刚才讨论的问题上。

老师，对不起！

放学后，小轩到办公室交订正的作业，我一如既往地根据他的作业情况，耐心地向他讲解其中的难点。临走时，小轩低着头支支吾吾地说："老师，对……对不起。""没关系，本身就是玩笑话。"我微笑着说，再一次给了小轩一个台阶。

第二天，小轩在课间塞给我一张纸条，上面简洁而又清晰地说明了那天看课外书的事情的原委。透过这些文字，我完全明白了小轩那一天想要跟我说却屡次被我打断的话是"老师，我看的是关于化学方面的书""老师，我这本书是妈妈送给我的生日礼物，她知道我的化学成绩不好，送这本书是想引起我对化学的兴趣""老师，我其实应该课余时间看，不应该利用课堂时间读"。孩子并不是不求上进，只是他的方法不恰当，有待引导，而我却用简单粗暴的方式否定了他，用"为他好"的名义伤害了他，进而助推了孩子的叛逆。于是在欣慰的同时，我又有些无地自容。放学后，我与小轩进行了长谈，我首先向他诚恳道歉，是老师错怪了他并且没有给他解释的机会。接着我肯定他有上进心，同时又与他一起交流如何高效地学习，用什么方法学习更科学、更有效……小轩用力地点了点头。

往后的日子小轩在学习上格外积极主动，作业完成的质量更是有了明显提升。教室里他经常与同学讨论问题，办公

室中也经常看到他问问题的身影。他的母亲在朋友圈晒出儿子的话："此时不搏，更待何时！"言语不多却铿锵有力，透露出小轩的决心，也显示出母亲的自豪。

{ 案例分析 }

每一个孩子都是一朵花，这朵花盛开得或早或晚，盛开以后或娇艳，或平淡，或引人注目，或默默无闻。作为教师，我们在心中要坚定一个信念：每一朵花都会开放，无论何时，我们都要有足够的耐心静等花开。在静等花开的过程中，也许会遇到种种问题：有的花丫杈丛生，耗费了时间与养分却成长缓慢；有的花受外界环境的影响而随风倾斜……这就需要教师及时发现问题，适时地修正、引导，让每一朵花恰到好处地绽放。

教育学生是一门艺术。在与叛逆期的中学生打交道的过程中，一方面，要有自控能力，无论何时，在遇到问题时，切勿急躁草率，要尽量控制自己的情绪与言行，做到平和从容，沉着冷静，言辞恰当，方式科学，妥善处理，有效实行正面教育。当孩子情绪激动时，教师切勿与之"针锋相对"，要站在学生的角度去理解他，不要跟他计较，心平气和地解决问题。

另一方面，要充分地尊重学生，抓住时机恰当地引导学生。如果发现学生做错了事，先要学会倾听，积极分析原因，而不是恨铁不成钢，一味训斥，向家长告状，这样既伤害了学生的自尊心，又容易让学生产生逆反心理，甚至对抗情绪。教师要把尊重与信任的目光洒向每一位学生，尊重每一位学生的人格，陪伴他们应对成长路上的风风雨雨，迎来最终的灿烂阳光。

｛结论｝

在成长的过程中，学生缺少的不是道理，而是教师的尊重、理解与支持。而这一切归根结底源自一个字——爱，爱这份立德树人的教育事业，爱形形色色、千姿百态的孩子。须知爱也有它的模样，也就是《活在课堂里》这本书说的，"全身心地灌注自己的时间、精力和心血，用坚持不懈的教育行动来达成育人的使命"。

"爱"虽然是一种美好的情感，但以"爱"之名，我们采取的行动有千万种，于是它所培育出的果实也有了好坏优劣之分。在一对多、长对幼的师生关系中，教师尤其需要修炼"爱"的本领，比如经常站在对方的角度思考问题，"假如我是孩子""假如是我的孩子"，"爱"不是居高临下、自以为是，而是将心比心、以心换心。我们是爱的发出者，虽然不期待回报，但必然要追求双向互动的爱。唯有如此，才能

真正滋养彼此生命的成长。

　　所以，让我们立足长远、细致入微、设身处地地为学生着想，尊重学生成长过程中的每一个小插曲，守候学生成长过程中的每一个小进步。"爱"源自教师内心，践行于教育实践，孜孜以求，锲而不舍，终会收获一个又一个生命的绽放。

你的坚持，
终将美好

{ 案例背景 }

　　小琪是初一时从外省市转入的一名学生。记得开学第一天他是第一个来到教室，看到他上进的样子，吕老师内心为他感到高兴。第一节是英语课，吕老师很快发现课文中的词汇对他来讲几乎是生词，不仅如此，他读单词也遇到了很大的困难，音标也基本不认识，可见这节课他真的是在迷迷糊糊中度过的。小琪在英语学习上的困境是吕老师意料之中的，因为外省市的孩子大多英语启蒙晚，小琪是在小学四年级开始学英语，而在上海，学校英语教育开始于小学一年级，有的孩子接触英语的时间甚至更早。

　　当天放学后，吕老师找他谈心，试图了解他今天的学习

与生活情况，他说其他科目虽然学的内容有不一致的地方，但总的来说他还是可以跟得上的，但是英语，几乎不懂。最后他表示回家会好好完成作业，把吕老师布置的听说以及背诵作业多做几遍。看着他那稚嫩的面孔，听着他说话的语气，吕老师的内心有一个声音在告诉她，他一定可以把英语学好的。

读单词和背课文环节，其他同学都很快完成了这项任务，而且比上学期的效率提高了。唯独小琪，单词表中布置的5个生词读错了3个。课上的默写，听单词的读音要求写出中英文和词性，5个生词他只写对了2个，对于词组和句子的默写，他基本默写不出。吕老师发现得按教低龄孩子的标准来教他，但是让他从最简单的单词如颜色、动物、物体等学起，在时间上有点紧，毕竟现在已经是初一了。

一番思考之后，吕老师决定先利用课余时间教他音标，为了有针对性，吕老师从单词中出现的音标教起。前两天小琪学得很有劲头，但自从他发现自己学会了今天的内容，前几天学的又忘记了，而且几乎每天都有那么多不认识的单词后，他的积极性减弱了，约定好的时间，他会迟到，要么就是有其他的事。过了两天，这天早上第一节课是英语课，小琪到教室时还有几分钟就下课了，课后吕老师向他了解原因，他低着头很小声地说："今早我没有赶上公交车……"

过了几天，早上第一节课又是英语，吕老师发现小琪又

不在，他的家长事先也没有请假，下课后与小琪家长联系，他的妈妈表示孩子早上是正常出门的，对他不在教室感到既惊讶又担心。吕老师安抚了妈妈后，赶忙再返回教室查看，正好发现他刚进教室门口，这一次他低着头很小声地说："今早我走着到学校的……"吕老师惯性地说了一句："又没赶上公交车？"他没有说话，然后让他回座位准备下一节课了。

没过多久，小琪又出现了同样的情况，吕老师以为又是和以前一样的原因，但课间班长汇报小琪前两节课都不在。这时吕老师马上拨通了他妈妈的电话，因为上一次和他妈妈联系过，他妈妈没有像上次那么着急，但是这一次，吕老师却着急了。放下电话后，吕老师发动同学们一起去找他，最后在厕所最靠里面的一个隔间里找到了他。他垂头丧气而且眼睛红红的。吕老师问他为什么要躲到这里，他说他很崩溃，没有办法学好英语，他是最差的一个。听了他的话后，吕老师很心疼他，拍了拍他的肩膀说："你刚转来，你是很棒的，别灰心。先去上课，今天正好是周五，放学后，我和你一起去海边散散心？"他同意了。

学校离海边很近，开车大约 10 分钟，那天放学吕老师和他来到海边，正好赶上涨潮的高峰期，海浪拍打着岸边的岩石，激起千层浪，特别壮观。吕老师对他说："我们现在可以大声地与大海对话，大海会理解我们的！"就这样，他们面朝大海，尽情地诉说，小琪渐渐摆脱了内心的烦恼，神

情也变得舒展。不知不觉，大海退了潮，堤坝大大小小的岩石露了出来，吕老师对他说："如果没有这些岩石，刚才的涨潮肯定没有这么壮观。放弃，是这个世界上最简单的事。不想学了，你可以说烦了；不想做了，你可以说难了。可放弃的时候，我们有没有想过，有一天我们会因此而后悔？放弃容易，不后悔却很难。这些岩石如同我们人生路上的绊脚石，如果我们积极乐观地面对它们，我们的坚持，终将美好！"那一天，少年振作起精神，重拾了信心。

之后吕老师和他一起制定了学习计划，平时把课本上的知识点学好，周末看看动画片、听听英语歌。学习之路并不是一帆风顺的，从那次海边交谈之后，他偶尔也会有情绪波动，但总会很快调整好。除了自学，小琪也会积极寻求同学们的帮助，当他进步时，大家也都会自发地为他鼓掌。在初一下学期的期中考试中，他的英语第一次及格了，这让他信心大增，同时也触动了其他同学，大家在学习上也都更努力了。

初二时，小琪开始系统地学习语法，同时持续提升阅读能力，就这样，他的成绩进一步提升，到了初三时可谓突飞猛进，尤其是下学期，他的英语成绩可以达到优秀了，那个时候，他依然会每周额外写一篇作文找吕老师批改。

中考公布成绩那天早上，小琪打来电话："吕老师，吕老师，我英语……英语考了147分！"他激动得说话都结

结巴巴的……当时，喜悦的泪水也一下子涌出吕老师的眼
眶……

{ 案例分析 }

这是一个从"学渣"逆袭成学霸的故事，故事中的小琪
既勤奋又坚韧，而在这段艰辛的逆袭之旅中，老师的作用也
至关重要。分析来看，这位英语老师做到了以下两点：

（一）为学生提供情绪价值

所谓情绪价值，就是一个人影响他人情绪的能力。一个
人情绪价值高，会让人感到舒适、愉悦；反之，则让人感到
压抑、苦闷。一方面，教师也是凡俗之人，也会有喜怒哀惧
各种情绪，另一方面，教师身处学生群体中，是学生成长路
上的重要他人。在学校里，教师的任何一种情绪都可能传递
给学生，进而影响学生的学习状态、生活状态。作为中学教
师，我们面对的是正处于快速成长期的青少年，他们自身的
情绪和心理本就不稳定，这也要求教师具有稳定的情绪，通
过对自我情绪的管理来帮助学生建立稳定均衡的心理状态。

上述案例中，深受打击的小琪已经出现自暴自弃的厌学
行为，对此，英语老师积极地跟进处理，言行之中始终带有
对学生的关怀，为学生提供了极为重要的情绪价值，这才帮

助学生走出低谷，取得了后来的成长蜕变。

（二）与学生同频共振

《班主任学生管理训练手册》一书细致地梳理了当代青少年的十大特点，例如"被高焦虑养育者抚育""过早开始网络生活""无群体游戏成长养分""平视权威"等，深度挖掘之下，我们确实能够看到，新一代青少年有别于以往的任何一代，身为教育工作者的我们如果仅仅凭经验办事，因循守旧，难免碰壁摔跟头。

所谓"亲其师，信其道"，《教室里的正面管教》也启示我们"在你能触及头脑之前，必须先触及心灵"，教育的本质是影响，是一个生命影响另一个生命的过程。在师生关系的构建上，教师是事实上的主导方，所以应以主动、友善的姿态，努力构建一种双向奔赴、相互支持、彼此成全的关系。在这则案例中，这位老师先是感知到了学生的情绪状态，然后有效介入，并持续关注，在学生的英语学习之路上提供强有力的指导与帮助。正是师生的同频共振，才让学生有了坚定的信心，取得了最后丰硕的果实。

｛结论｝

做教师是幸福的，因为我们总能在平淡的日子里见证一些非凡的时刻，我们会看到学生的成长，与之相伴的，还有我们自己的成长。教育是一场向美而行的遇见，当师生之间经历故事、产生情感，教育的种子便能够悄然萌芽、蓬勃生长。三尺讲台守初心，四季耕耘育桃李，作为教育工作者，要多一些爱心与慧心，要看见学生、理解学生，要构建和谐、温馨的师生关系，努力做学生成长道路上的支持者、陪伴者和引领者。

春天是一点一点化开的

晨晨是个很显眼的孩子，报到时在教学楼里窜来窜去，分书时围着老师和课代表打转，整队时不住地舞动着双手，每当班主任殷老师示意他静一静时，他又睁着圆圆的大眼睛，似乎并不理解老师提醒他的用意。他是这样的活泼好动，似乎浑身有使不完的劲。开学后，晨晨依然是班里很显眼的那个孩子，每位老师都曾向殷老师反映他的各类"壮举"：扰乱课堂纪律，上课时离开座位甚至走出教室，对老师发出不明用意的追问等。他是如此的精力充沛，每时每刻都消耗着班主任和任课老师的极大精力。

但某一天开始，晨晨变了，变得异常沉默寡言。上课精神很差、心不在焉，跟班级同学一句话都不说，经常在教室找不到他的人影，迟到早退时有发生。经过殷老师仔细观察后发现，晨晨似乎有点封闭自己的内心。

当注意到晨晨的异常时，殷老师就从最容易的也是最基本的事情开始做起，尝试着和他沟通："晨晨，老师注意到你最近总在办公室门口徘徊，是有什么话想和我说吗？"

他吞吞吐吐地表示自己内心烦躁，很低落，不知道怎么办。那一瞬间殷老师意识到这个整天疯跑乱叫的小男孩，心里其实住着一个心思细腻的小孩，他正因自己的多动、情绪化而焦躁低落，他正在向老师发出求助信号。怎样让这个掉入人生冬天的孩子一点点被温暖，陪他穿越寒冬，抵达春天？

"愿意和我说说看吗，是发生了什么事让你感觉不太好吗？"这样的开场白殷老师已经同他说过不下 5 遍，也习惯了他的默不作声，甚至能预判下一秒他的行为，又该盯着老师看看就跑去操场了吧？

谁料，这一次殷老师预估失败了。他见老师神色如常，扭捏着开口："他们嫌我烦，不愿意和我玩……"此时的他眼神游移，与开学前家访时见到的那个目光炯炯、活泼爱笑的男生判若两人，但殷老师并没有很意外，他的多动和易怒是家访时爸爸特意沟通过的。

"为什么呢？"

"因为我老爱晃桌子，还突然唱歌尖叫。"他不安地在门

边晃着身体。

殷老师拍了拍他的肩膀，示意他站直了："我注意到你确实在课堂上和出操时突然唱了起来，但比起刚开学那几天，这种情况出现的频率降低了很多，老师觉得你还是有改变的！"

听到殷老师的夸奖，他害羞地埋下了头："我知道大家不喜欢，我……我也想改的，我在改了……"

"那你的自控是有效果的！相信你一定也花了不少精力找到这个改变的方法吧。你看，老师都能发现你的努力，在教室里朝夕相处的其他同学也一定能发现你的进步，而且你愿意和我分享你的情绪，我也很高兴，你一定是很相信我的。我们一起想办法和自己的情绪和谐相处。"

"亲其师"，必会"信其道"。后来，当晨晨在课上没有闹脾气，没有打扰别人时，殷老师会肯定他，"你的听讲专心多了，要坚持哦！"他们也渐渐达成了共识，当情绪失控时，不许尖叫逃跑，来办公室冷静一分钟，事后说出原委。不要说"我不喜欢"，要对自己说"我试试看"。碰到难题，要实事求是地说"我不会"，试试对别人说"教教我吧"。

从那天之后，晨晨还是会在走廊里走着走着唱起来，上课时扭着扭着突然把自己晃到了地上，但同学们愿意带着他一起玩了，当殷老师私下问起班里情况时，大家也会笑着说他现在很可爱，憨憨的。

{ 案例分析 }

（一）教师要以情育人

塞利格曼认为："一个人选择乐观还是悲观，取决于其解释问题与挫折的方式是采取乐观的归因方式，还是悲观的归因方式。"因此，教师在教育过程中，不仅要关注学生的知识学习，更要重视他们的情绪教育。

晨晨是一个典型的情绪控制不当的学生。他的行为问题源于对情绪的把控不当和自我控制的欠缺。他也意识到了自己的亢奋行为已经令周围的同伴对他避而远之，但他无法消化这种情绪，陷入了自我封闭中。

在和晨晨的沟通中，老师首先明确问题，然后采用"就事论事"的策略，引导他直面问题，勇于担责，接纳情绪。这种情感延伸的方法有效地帮助了晨晨解决其行为问题，促进了他的个体发展。

通过这次沟通，晨晨明白只要他停止这种行为，同学的疏离和指责就会随之停止，同学们的"另眼相待"只是暂时的，是可以通过改变自己的行为来改变"不受欢迎"的现状的。

（二）用鼓励拉近心与心的距离

心理学家鲁道夫·德雷克斯认为，鼓励对于孩子们的健

康成长和发展是至关重要的。

初中阶段正是青春期，这是介于儿童与成人之间，从幼稚变为成熟的一段承前启后的过渡时期，在这个时期，一方面他们正在竭力摆脱童年时期的幼稚状态，向成人过渡，要求像大人那样行事；但另一方面，他们又还不成熟，并没有完全具备成年人心理所具有的一切特征和能力。他们的独立性、自控性与领悟性比较差，要想让他们对学习、生活有正确的认识方向确实是个艰巨的任务。如何走进学生的内心，准确了解他们的心理，给予他们恰当的引导成了当前班主任工作的必要任务。

晨晨的案例告诉我们表扬的力量是无穷的，每个学生都期待得到老师的信赖与赞扬，教师在学生教育中应循循善诱，寻找每个学生的闪光点，多一些赞许，多一些肯定，才能更加亲近学生。

{ 结论 }

教育是生命之间的对话，我们不应让任何一个生命成为遥远孤岛上的寂寞守望者。只有当一个生命与另一个生命真诚相拥时，才能感受到春天的温暖气息。当我们在尊重他们、鼓励他们时，这种互动能够激励孩子在保持自尊的前提下改变自己的行为。

教育如养花，我们要用爱的阳光融化孩子心头的冰雪，用智慧的雨露点化孩子的精神世界，一点一点化开孩子的心灵，一点一点催开生命的花朵，这样我们才能看到春风带来的色彩，那姹紫嫣红的美景。

成功，
源于"自信"

{ 案例概述 }

在日常教学中，一位默写总是十分糟糕的学生引起了语文老师陈老师的关注。陈老师暗中观察一段时间这名学生的学习行为，发现在课上的时候，他的注意力经常不集中，手上总是在忙着捣鼓一些橡皮、尺子，甚至用订书机和裁好的纸制作一本迷你画册；在课间的时候，喜欢自己一个人玩，坐在座位上做一些小手工；平时背诵任务的时候，他总是拖拖拉拉，是班里倒数几个背完的学生之一，可他的背诵情况竟是意外的出色；在平时的作文训练中，他的作文本上的字迹总是很糟糕，文章也写不长，甚至出现写了一半就不想继续往下写的情况。

基于长期的观察，陈老师一开始把学生表现如此糟糕的情况简单地归结于学生的偷懒，不爱动脑筋。因此，陈老师下意识地把他叫来办公室，准备以一番"晓之以理，动之以情"让他从此幡然悔悟，对待学习任务能够稍加勤快，对待语文学习能够端正态度。但是，接下来几周，默写情况没有改观，反而更是糟糕。在课间，陈老师再想找他来谈一谈他的语文学习情况。面对陈老师抛出来的一个个问题，他只会低着头，沉默不语，一副唯唯诺诺、抓耳挠腮的样子，根本不愿与老师有所沟通。

随后陈老师向班主任主动了解这名学生的情况，得知他在小学的时候基础就没有学好，并且做作业的速度一直很慢，有时候还甚至做到晚上十点多钟。因此，由于他在生活中做什么事情都是慢慢悠悠，完成任何任务都比别人慢半截，久而久之，就逐渐开始缺乏自信，对学习自我放弃，失去兴趣。和班主任交流完他的情况，陈老师才记起有一次，他在自己的作文中写道：我想要变得更自信一些。

{ 案例分析 }

语文是一门兼具工具性与人文性的学科。学习语文的目的，就是要让孩子们学会灵活地运用语言文字，并应用到自己的实际生活中去。语文又是一门基础性学科，与所有学科

都有所关联。作为一名语文教师，在日常教学中不仅要传授知识，更要发挥语文课程的德育效用，将品行教育贯穿其中。

在这个孩子的身上，陈老师发现所有问题的源头就是他自信心的缺乏。在小学基础没打扎实的情况下，初中的语文课程对他而言就稍微有点难度。只要到了需要记笔记的时候，由于写字速度而落下的进度，就成了阻碍他继续往下听课的绊脚石。久而久之，就形成了这样一种情况：在他能力范围之内的任务，他能较为出色地完成；而超出他的能力范围，他就不愿意去做，也不愿意在大家面前去表现，害怕出洋相，更害怕自己完成得差强人意。

因此，陈老师认为这个孩子最需要的就是建立自信。自信是一种反映个体对自己是否有能力成功地完成某项活动的信任程度的心理特性，是一种积极、有效地表达自我价值、自我尊重、自我理解的意识特征和心理状态。它是一种积极的心理品质，是促使人们向上奋进的内部动力，也是一个人取得成功所必备的良好心理素质和健康的个性品质。因此，自信是初中生应该具备的非常重要的心理素质。

陈老师打算首先从他力所能及的任务着手，初步帮助他获得一些语文学习上的成就感；其次，在他找到些许学习的兴趣后，帮助他培养语文学习的基础技能并及时巩固，让他从中获得学习成效；再次，在课堂上发挥他动手能力强及思

维活跃的优势，提相关问题或创设相关课堂活动，尽可能为他提供展示个人的舞台；最后，建立起自信，逐渐向老师、同学打开心扉，尽可能地及时和老师交流自己的薄弱点与想法。

（一）提高学习效能感，初步获得语文学习成就感

心理学上的效能期待是指个人对自己能否顺利地进行某种行为以产生一定效果的自信。被知觉到的效能期待，不只是影响活动和场合的选择，也对努力的程度产生影响。被知觉到的效能期待决定努力的程度和面对困难的忍耐力。即被知觉到的效能期待越强，越倾向于做更大程度的努力。当学生对自己的自我效能感认识不足，不知道自我能力是什么，不能正确地调整自己，就容易导致学习效能感低下。早在两千多年前，我国大教育家孔子就充分注意到了教育的差异性，提出"因材施教"的教育理念。在实际作业布置中，教师应重视学生之间的个性差异，关注不同学生的学习需求，使不同学习水平的学生获得良好的学习体验与成功的喜悦。

因此，在每次布置回家作业的时候，陈老师会另外给他准备一项任务。从他自身的能力出发，陈老师设置了一些在他认知领域范围内的作业。鉴于他写字速度慢及记不住字的笔画，因此要求他就从最基本的练字做起。每上一篇新的课文，陈老师就在课文中画一些词句，要求他回去抄写一遍，

提醒他字迹要端正，搞清楚每一个字的笔顺，并如实将每天的抄写完成时间记录在作业的下方。而课内练习中，挑一些"看拼音写词语""解释成语""课文内容梳理"的基础类题目让他完成。

在作业量减少的基础上，将作业难易梯度降低，贴近他的能力水平，重在训练他写字的速度和质量。在训练了一个月之后，他写的字有很明显的进步，能够逐渐改掉一笔一画写字的习惯，将一些笔画自然地连接起来。在此基础上，陈老师鼓励他完成一份较为美观的抄写作业，将其展示在教室的学习园地。学生提高了学习效能感，初步获得语文学习成就感。

（二）激发自我提高内驱力，夯实语文学科知识基础

在学生提高自我效能感，初步获得语文学习成就感后，会产生同龄人认同感的需要，从而激发其自我提高内驱力，夯实语文学科基础知识。在学校情境中，与成就感对应的成就动机指向认知内驱力、自我提高内驱力和附属内驱力三个方面，其中自我提高内驱力是指个体由自己的学业成绩而获得相应的地位和威望的需要。它不直接指向知识和学习任务本身，而是把学业成绩看成赢得认同和自尊的根源，是一种外部动机。

经过日常的训练，形成正确的书写方式习惯，提高写字

速度后，陈老师适当地改变了作业的结构：减少抄写的任务设置，增加一些课内及课外词汇的积累和基础性理解类的题目。在最初几次默写的过程中，陈老师有意识地尽量挑选一些较为简单的词语，让他能较为容易地取得暂时性成就感，在同龄人中获得认同感。认同感的累积，逐渐帮助学生能与同龄人进行适时的交流沟通，并从中获得友情体验。这在一定程度上就发展成了一种外部动机，促使学生需要认同感，渴望认同感，进而激发自我提高内驱力。

在此基础上，学生对于语文学科基础知识的夯实有了学习动机。陈老师就要求他专门准备一本笔记本，在日常学习生活中利用课间时间，将每一课的词语以及课内文言文的字词梳理清楚，于每天放学前提交检查，并隔天抽出一个课间的十分钟时间来办公室里进行温习、巩固。与此同时，设立一个奖励机制，如果能够连续五次达到默写全对，奖励他一本小画册，以此来增强他的自我提高内驱力。

（三）创设学生培养自信的情境，强化自我认同感

成就动机中的认知内驱力指的是一种要求了解和理解周围事物的需要，要求掌握知识的需要，以及系统地阐述问题和解决问题的需要。在学习活动中，认知内驱力指向学习任务本身，是一种重要的、稳定的动机。由于需要的满足是由学习本身提供的，因而也称为内部动机。

在这个阶段的学习体验中，陈老师力图将学生获得学习效能感的外部动机转化为内部动机，从他人认同感的需要转化为自我认同感的需要，进一步强化自我认同感，内化学习动机，从而达到增强自信的效果。因此，陈老师选择为其在课堂上设置一些培养学生自信心的小组合作探究活动。鉴于前期观察到他的动手能力极强，思维较为活跃，陈老师预设了在课堂活动中，他会在哪个部分表现较为积极，哪些部分是他比较薄弱的，继而尽量去淡化他较为薄弱部分的任务要求，强化他的表现欲。通过以上方式，学生能够积极地参与到课堂的活动中，适时主动地表达自己的想法，与小组内成员良性互动，虽然语言的组织与表述上仍然有待提高，但学生自信的确立已有初步的较为可喜的成效。

{ 结论 }

如今在语文课堂上，时常会有一只小手在一次次课堂发问过后毅然坚挺地竖立在那里。而每次站起来回答问题，他都能洪亮地发表自己的看法。在他的日常作业反馈中，字迹也能端正，做到卷面整洁。记录作业完成的时间逐渐开始稳定保持在一个正常值。在课下的时间，能时常看到他在教室里端着一本历史书籍细细品读，偶尔和同学们打闹在一起说笑。而和老师的沟通，也慢慢开始有了良好的开端。一次，他突然主动跑到办公室里来，问陈老师能否拿回他没有写完的作文本，他想拿回去继续写完。在他的举手投足间，陈老师能够明显感受到在他身上逐渐建立起来的自信。在接下来的学习阶段，他仍有很大的进步空间，比如，基础知识的夯实仍然不能松懈，写字速度的训练更是不能减少，在课堂上，需要多关注他，多给他一些展示个人的机会。

面对因长期学习困难而缺乏自信的学生，首先，我们应该认识到学生的个体差异，避免将学生表现出的注意力分散、动手能力强但学习速度慢、自信心不足等特点简单地将学生的表现归结为"偷懒"或"不爱动脑筋"。其次，针对其个体差异的具体体现，我们要制定差异化教学策略，逐步建立其学习自信心。再次，应关注学生的兴趣爱好、特长发展、团队合作能力等方面的表现，给予学生全面的评价和肯定，促进其个性化发展。最后，我们要为学生提供展示自我、发展特长的舞台。通过组织才艺展示、张贴作品、文学创作等活动，让学生在展示中体验成功、增强自信，从而激发其内在的学习动力。

在教育教学过程中，我们必须充分认识并尊重学生的个性差异，实施差异化教学；同时，要强化全程育人理念，关注学生的全面发展和个性化成长；通过多元评价和搭建展示平台等措施，为学生营造一个健康、和谐、有利于其全面发展的教育环境。面对缺乏自信的学生，教师需要给予更多的

情感关怀和心理支持。通过一对一的谈心、鼓励性的评价等方式，帮助学生建立积极的自我认知，重拾学习的信心。同时，关注学生的心理健康，及时引导其排解负面情绪，培养其乐观向上的心态。

全方位育人篇

批判质疑，
注重思辨

{ 案例背景 }

上课时间到，教师在教室电脑屏幕上展示了一张图片：在天空中的云层间，一个只穿着短裤的人正在飞行。紧接着，教师提问学生：这个人在干什么？你推断出什么？为什

课堂展示图片

么？请举手讲讲。

对于教师给出的问题，一位学生抢着说："一个没有穿衬衫和长裤的人正在空中飞行"；另一位同学说："一个人从飞机上掉了下来"。

教师要求同学们用两分钟时间相互分享。学生们便开始相互交流自己的看法。随即，教师又问道：图片中发生了什么？除了一位同学提到的，还有别的可能吗？是什么让你认为他是从飞机上掉下来？然后老师一边听着学生的回答，一边在黑板上列出关键词。"一个只穿短裤的人正在跳水，因为他的双手是这种姿势。"学生边回答老师的问题，边演示动作，先双手上举，转而双手平行向前；也有学生回答："这是一个梦，因为这是现实生活中不可能存在的。"老师及时作出了点评，鼓励学生大胆思考。

最终有同学提出：若是从飞机上掉下来的，从人的动作上看却是有意而为之，没有惊慌之举。或许是运动员从高处向下跳水，而拍摄者由下向上仰拍，画面只保留了天空中的云朵和人物，但没拍跳台，造成观众以为这是从飞机上向下跳。老师表扬了这位同学考虑问题很缜密，同时提醒全体学生要关注细节，在接受其他同学的观点的同时要用质疑性思维去考虑问题。

{ 案例分析 }

本案例中的教师通过巧妙地运用较为抽象的图片作为教学的切入点,不仅激发了学生的学习热情,更引导他们从多元化的视角进行深入思考。此举不仅点燃了学生们对知识的渴望,也锻炼了他们的创新精神和独立思考能力。在随后的分享环节中,学生们学习到了如何有效地交流思想,倾听他人的观点,并尊重不同的意见。这种互动过程不仅提升了学生们的沟通技巧,也强化了他们的团队协作意识。在最后的点评阶段,教师强调了批判性思维的重要性,鼓励学生们在探索问题时保持开放和质疑的态度,要勇于挑战既定的观念,不断追求真理。这种批判性思维的培养对于学生们在未来的学习和职业生涯中应对挑战、激发创新思维具有深远的意义。

在当前新课程改革的大背景下,仍有一些教师在授课时倾向于直接给出答案,或未能给予学生足够的思考空间,导致学生逐渐丧失了思考和质疑的能力。本案例中的教学方法则为我们提供了一种范例,即通过引导学生独立思考、分享观点和培育批判性思维,全面提升学生的思维能力、创新能力和沟通能力。这种教学方法不仅有助于学生的全面发展,也为他们未来的学习和职业生涯奠定了坚实的基础。

此外,本案例还凸显了教育过程中教师角色的转变。传

智能小车课堂与实践

统的教师角色往往是知识的传递者，而在这个案例中，教师
则转变为引导学生探索、发现和思考的引路人。这种角色的
转变要求教师不仅具备丰富的知识储备，还需要掌握有效的
教学方法，引导学生主动参与到学习过程中，激发他们的学
习兴趣和动力。作为教育工作者，我们应不断反思自己的教
学方法和角色定位，努力为学生营造一个有利于他们全面发
展的学习环境。

综上所述，本案例不仅展示了教师在教学过程中如何运
用有效的教学方法和工具引导学生独立思考、分享观点和培
养批判性思维，还体现了"以学生为中心"的教学理念、跨
学科的教学实践以及关注教育长远目标的重要性。这些理念
和实践对于改进我们的教学方法、提高教育质量具有重要的
指导意义。

水下机器人课堂

{ 结论 }

核心素养导向下现代教育的重要目标之一，在于培育学生的合作、沟通、协调和创新能力。这些能力不仅关乎学生的个人成长，更是未来社会所必需的核心素养。因此，身为学校管理者，我致力于推动教学改革，特别关注课堂教学中学生的深度学习。我鼓励教师着重培养学生的思辨精神与创新意识，以助其更好地适应未来的生活与职场。

为达成上述目标，学校教师要采取多种策略。首先，组织各类团队活动，让学生在团队实践中学会协作、沟通与解决问题。这些活动可涵盖小组讨论、团队项目、角色扮演等，让学生在实战中加强合作与沟通。其次，鼓励学生参与各类社交活动，以扩大其社交圈，增强社交能力。此外，教

师亦可通过课堂教学，运用案例分析、讲解等手法，传授合作、沟通与协调的理论知识，并教授学生如何在实践中运用这些理论。

　　总而言之，培养学生的合作、沟通与协调能力是现代教育的重要使命。教育者应关注学生的个体发展，运用多元化手段提升其合作、沟通与协调能力，以助其在未来的学习与工作中更好地融入团队。

项目助力，
点燃合作学习热情

——谈"大德育"背景下的学生项目化学习

{ 案例背景 }

以往空置的备用教室里近期讨论声格外热烈，几位参加项目化学习的学生正在共同设计海绵校园规划方案。

下雨天，学校及周边地区的马路上总是会积水，遇到暴雨天气，这个问题尤为凸显。为了解决道路积水问题，基于"海绵城市"概念，学生在老师的指导下就校园雨洪管理提出海绵校园的设想，设想学校能够像海绵一样，在适应环境变化和应对雨水带来的自然灾害等方面具有良好的弹性。

在弄清海绵校园概念、明确现实问题后，学生在组内开展头脑风暴，制定并完成"KWL"表，列举出目前所掌握的

海绵校园项目小组交流

有关知识，开展项目所需要学习的知识及可能遇到的困难。之后学生对周边地理环境展开考察，分析内涝形成原因，并学习人工智能的应用。

各小组运用地理和生命学科的相关知识，结合学校的地理位置、气候特点，分析不同季节、月份的积水情况，并将人工智能融入其中，设计出了合理、创新、高效的方案，并制作海绵校园模型。

在此过程中，各小组阶段性汇报项目准备及开展情况，在专家和老师指导建议下对方案进行修改和完善，从立项到展示最终方案都由学生自主合作完成。项目化学习立足于现实问题，结合多门学科知识，培养学生的科学精神、合作精神和创新能力。

{ 案例分析 }

作为浦东新区项目化学习实验校，临港一中开展了许多各具特色的项目化学习，不仅助力学生在知识层面实现质的飞跃，更在培养学生的合作精神、实践能力和综合素养方面发挥了重要作用。临港一中的"海绵校园我来建"项目，就是一个生动的例证。该项目以海绵城市理念为引导，鼓励学生通过实践探索，将理论知识转化为实际操作。学生们在项目中深入学习了地理、科学、生物等相关知识，并通过团队协作、调查研究等方式，对海绵城市的构建原理和实施方法进行了探索。学生们不仅展现了出色的团队合作精神，还充分锻炼了自己的探究能力和创新思维。更重要的是，通过这个项目，学生们深刻体会到了自身肩负社会责任感的重要性。他们意识到，作为未来的城市建设者和管理者，自己不仅要具备扎实的专业知识，更要有为社会、为人民服务的决心和行动。这种责任感的培养，无疑对学生们的成长和发展具有深远影响。

项目化学习模式对传统学习方式进行了变革，从学生真实生活中的问题出发，鼓励独立思考和尝试多样化策略，而非仅依赖教材和教师指导。学生主动寻求答案，锻炼自主学习能力、团队协作能力和创新思维。在解决问题的过程中，学生获得知识，学会规划项目、协作和提升问题解决能力，

海绵校园小组实地考察

对未来学习和职业生涯至关重要。项目化学习还强调思辨能力，运用已学知识分析、判断和推理，增强逻辑思维、批判性思维和问题解决能力。

项目化学习致力于加强学生间的合作意识，其核心在于通过小组协作的形式，共同应对并攻克各类挑战。此类学习模式通常围绕具有挑战性和实际应用价值的问题展开，要求学生群体发挥集体智慧，相互协作，探索最佳解决方案。在这一过程中，每个学生都被赋予在小组中扮演关键角色的机会，既要充分施展个人的专业知识和技能，又需与团队成员保持紧密合作，相互支持。这种学习方式不仅促进了学生知识技能的精进，更在无形中培育了他们的责任感和团队协作能力。在小组合作的环境中，学生们需要建立基于信任、理

191

海绵校园建设成果

解和尊重的关系,这不仅锤炼了他们的人际交往能力,也在无形中提升了他们的领导力和团队合作精神。

此外,项目化学习还有助于学生更早地接触和了解现实生活中的问题,为未来的生活和工作奠定坚实的基础。在现实生活中,问题往往错综复杂,需要综合运用各种知识和技能来解决。通过参与项目化学习,学生可以在实践中学会如何应对这些复杂问题,提升他们的现实应对能力。这种能力在未来的学习和生活中都将发挥至关重要的作用,同时也强化了学生对环境、社会等的关注,提升了学生的社会责任感。

{ 结论 }

临港一中积极推动项目化学习模式,此种学习模式对于提高学生的综合素养及实现全面发展具有重要意义。学生在

参与项目的过程中，不仅能够激发学习兴趣，挖掘自身潜能，还能够锤炼团队协作与沟通能力，进而提升批判性思维和创新能力。此外，项目化学习对于增强学生社会责任感及完善个人职业规划亦具有助益。展望未来，我们期待项目化学习能在更多领域展现其独特价值，为培养更多创新人才贡献力量，并推动教育事业不断向前发展。

探索卫星奥秘，
开启实践之旅

——由西昌研学谈"大德育"背景下的学生综合
　　实践教育

{ 案例背景 }

　　学校作为学区牵头校，组织南汇新城学区各校学生赴西昌卫星发射基地开展实践研学，孩子们暂时放下了课本，带上记事本来到拥有两千多年历史的文化古城——西昌，赶赴一场文化与科技的盛会。

　　凉山彝族是如何从奴隶社会一步跨越到社会主义社会的？这是课本上不曾提及的历史。学生们带着疑问走进凉山彝族博物馆，近距离浏览史料，细细品味浓缩于展品中的彝族发展历史，感悟凉山彝族一步跨越千年所经历的艰辛，同

西昌研学合影

西昌研学合影

考察西昌唐园

时还了解到原汁原味的彝族习俗文化，探秘独特的彝族文字和传统手工艺，浸润于少数民族瑰丽的非遗文化之中，并从中汲取养分和力量，感受中华民族的绚丽多彩，和其海纳百川、兼容并包的情怀。

西昌唐园再现了唐朝的盛景，学生游走于仿古建筑间，细品唐朝文化，感受唐风遗韵，开启一场与历史的对话。

邛海湿地公园里，学生在烟波浩渺中边走边赏，了解湿地和鸟类的知识，感受祖国的美好河山，同时认识到生态环境保护的重要性和迫切性，纷纷感叹要保护自然生态，守护美好家园。

西昌卫星发射中心是我国对外开放中规模最大、设备技

考察邛海湿地公园

术最先进，承揽卫星发射任务最多、具备发射多型号卫星能力的航天发射中心。学生实地观摩了火箭实体厂房，"质量就是生命"的标语印刻进学生心中。在嫦娥工程展厅内，学生通过 VR 体验太空活动，真实又新奇的体验让学生对中国航

考察火箭实体厂房

观看火箭发射

天心驰神往。不仅如此，学生还目睹了卫星的发射，他们紧张地看着火箭底部燃烧起熊熊烈火，笔直地冲上云霄。随着火箭穿破云层，消失在天际，学生们不由得爆发出欢呼声，一声声呐喊和喝彩都包含了对祖国科技力量的赞叹和自豪之情。这个振奋人心的时刻或将成为他们一生最深刻的记忆。

{ 案例分析 }

（一）实践是课堂的延伸

课堂教学是学生获取知识、培养能力的主要途径。实践教育是学校教育向课堂外的一种延伸，有助于学生接触社

考察凉山彝族奴隶社会博物馆

会、了解社会。课堂中的知识在实践中得以验证，课堂中建立的思维在实践中得以运用，这是对所学内容的巩固和升华，让知识和能力不再局限于课本和习题，而是不断向外拓宽，变得充实丰满。

（二）实践是课堂的补充

校内课堂受到时间、教学安排等限制，向学生传达的知识有限，比如：学生在课堂上学过某段历史，却从不了解这段历史背后的人文故事和习俗文化；课本里有我国社会性质的三次转变，却从来不知道凉山彝族的一步跨越；上学时学过火箭升空的原理，却从来没有亲眼见到过卫星的发射。实践教育应当引导学生跳出课本所圈划的围栏，了解不同地域的风俗历史，了解不同人物的事迹典故，了解不同事物的文化底色，体悟其背后所蕴含的精神文明，有助于形成多元化视野和更加全面的世界观。

（三）实践也是一种课堂

传统的课堂教育是通过教师之口传授书本理论知识，学生间接从中获取知识。而实践教育中，没有教材，没有考试，学生的学习是项目式的体验和操作式学习，实践中的所思所想所得都是学生自己直接获取的。实践是课堂教育之外的另一种课堂，是自然的课堂、社会的课堂。自然和社会本身就是一部最生动的百科全书，开放的资源和学习环境加深

小组活动及总结

学生的真实体验和感受。自然和社会从没有唯一的标准答案，学生可以不断提出问题，然后自己追寻答案，从不同视角观察和认识事物，独立思考，作出判断。

{ 结论 }

我们立足"大德育"，突破传统学科单一、说教式的育人模式，在传统课堂之外，以实践活动承载育人内涵，系统整合校、家、社多元育人资源，凝聚育人合力，引领学生达到知行合一，实现自我成长，全面发展。

（一）打造沉浸式课堂，让育人从"说教"转向"体验"

传统说教往往忽略了主体人的发展规律，德育内容枯燥无味，致使德育知行分离，目标与实际脱节。我们根据学生实际，整合周边资源，打造学生参与度极高的沉浸式课堂，寓德育于其中。将乏味的说教转变为生动的体验，激发学生的真情实感，学生在看、听、议、动中感受，树立担当意识、责任意识、家国意识等。

（二）打造实地式课堂，让育人从"教室"转向"社会"

教育不能局限于教室，我们带领学生放下课本、走出教室，构建社会课堂、自然课堂，着力实现教育在空间上的突破。开展生动的实地教育，旨在引导学生将目光从自己转向他人，将视野从班级、学校转向社区、社会、国家，乃至世界，不仅关注自身成长，更意识到自己的社会角色和责任担当。实践教育在潜移默化中向学生传达处处是课堂的理念，引导学生静下心来感悟生活，感受社会，让实践教育"活"起来。

（三）打造系统式课堂，让育人从"静态"转向"动态"

绘制"践学"地图，集合德育、自然生态、历史人文等

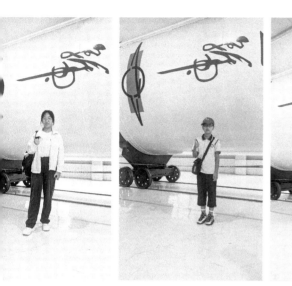

学生与长征三号火箭合影

育人主题，遵循学生思想发展规律，针对不同学段，横向分设不同实践主题，纵向形成一条完整的"践学"时间轴，推动实践育人向纵深发展，发展学生核心素养，让学生成为有使命、有智慧、有力量的航船。我们构建实践教育动态化评价体系，以表现性评价为基本方式，对学生的参与度和学习成果进行综合评定。由于不同实践主题的差异性，如何有针对性地设计高度系统化的评价指标、方法及成果展示方式等还有待深入研究。

同频共振，
不让任何一位学生掉队

为了更好地深化学校随班就读工作，学校大胆尝试让随班就读学生参与"六一"儿童节活动的组织和管理，以增加他们与其他同学的交流和互动，提升生活适应能力。

烈日当空下一遍遍的走位练习，同学们脸上冒出了细密的汗珠，但他们没有休息，心中的热情支撑着他们。两位随班就读生担任志愿者，顶着酷热帮助老师一起纠正同学们走位的位置偏差，哪怕是一小步。他们的一举一动闪耀着耐心、责任心。

义卖现场气氛热烈而充满爱的温暖，各个摊位布置得温馨又整齐。几位随班就读学生也热情参与其中，帮忙将每样

"六一"儿童节义卖活动

物品整齐摆放在桌子上。全体同学相互支持，相互帮助，希望募集更多的善款为山区的孩子献上一份爱心。

{ 案例分析 }

从随班就读工作来说，我们必须尊重所有学生享有受教育的权利，为有特殊教育需求的学生提供学习机会和必要的帮助。我们必须关注每一个学生的发展，不歧视或排斥任何一部分学生，尽可能创造一个包容、平等、尊重多样性的学习环境，让每一个学生都能够获得公平而高质量的教育。

随班就读学生往往有包括智力残疾、身体残疾、心理残疾等方面的轻度障碍。在常规的初中学校，需要教师根据这些学生的特殊教育需要给予特别的教学和辅导，制订每学期学生个别化的教育方案，尊重、包容和关爱他们，并帮助他们增长知识，培养各种生活技能和社会交往能力等，找到属于自己的位置和发展空间。但由于随班就读学生在身体、智力及沟通能力等方面都存在着各种问题，有的无法听懂教师正常的授课内容；有的在生活自理能力方面有欠缺；有的在同学间的沟通和交流方面有障碍，在班内不合群，或被冷落。在这种情况下，教师的悉心照顾和周围同学的关心和帮忙显得尤其重要。我们必须用极大的爱心和耐心去帮助他们，给他们机会去锻炼以建立自信，更好地融入集体，为以后的工作和生活做好充分的准备，这也是"六一"儿童节活动期间学校鼓励随班就读学生参与活动的组织和管理的重要原因。

为深入贯彻执行《中华人民共和国义务教育法》和《中华人民共和国残疾人保障法》，更好地做好随班就读工作，学校针对每位随班就读学生的特殊需求和学习能力，关注学生的认知水平、学习风格和兴趣爱好，全方位提供帮助，具体如下：

第一，提供学习支持。

我们提供了额外的学习支持，包括辅导和指导。随班就读管理团队与任课老师紧密合作，共同为随班就读学生创造良好的学习环境。我们使用多种教学方法和教具，例如视觉辅助工具、口头指导和实践活动以及资源教室等，帮助学生更好地理解和掌握学习内容。

第二，培养交际能力。

我们注重随班就读学生的社交和情感发展，鼓励他们参与班级和校园活动，与同学们建立良好关系，并培养积极的情感态度。心理老师密切关注学生情况，及时提供必要的情感支持和辅导。

第三，加强家校合作。

我们非常重视与随班就读学生家长之间的密切合作，定期与家长沟通学生的学习进展和发展需求，共同制定家庭学习计划和目标。我们鼓励家长积极参与学校活动，全方位帮助孩子学习和成长。

第四，综合评估和反馈。

我们使用多种评估方法，包括观察记录、学习任务评估和口头交流等，对随班就读学生的学习进展进行定期评估，并向家长提供反馈，以确保学校对学生的支持和帮助是全面的、科学的。

｛结论｝

随着学校规模的进一步扩大，随班就读生人数也在不断增加。在以后的随班就读工作中，我们必须关注工作的规范和方式的创新，尽可能地为特殊学生提供最优质的帮助。

首先，强化组织管理，确保工作有序。

学期初召集随班就读领导小组的成员，共同研讨并制定本学期随班就读的工作计划，确定工作重点。明确各项重点任务，稳步推进个别化教学工作的实施。此外，为了进一步提升随班就读工作的质量和水平，邀请相关领域的专家来校指导，涵盖特殊学生信息平台的录入工作以及特殊学生关爱工作课题的申报等多个方面。学期结束时，召开随班就读总结会议，全面回顾一学期的工作成果，并对表现优秀的个人和团队进行绩效奖励。

其次，强化过程管理，提升工作质量。

加强学生档案记录与存储，确保数据完整准确。教师针对特殊学生个体差异，制定个性化教学方案，编制教案和学案。行政管理团队关注教师备课和授课，提供反馈和指导，确保教学质量。每月举行教研活动，促进教师交流与合作，提升教学水平。重视特殊学生拓展课融合活动，班主任与授课教师保持沟通，关注学生表现，记录出勤情况，鼓励学生参与课堂讨论，用爱心滋养学生心灵。

最后，拓宽活动渠道，创新工作方式。

我们将组织随班就读学生积极参加各类活动，如参观滴水湖消防站、"红心向党，强国有我"少先队活动、每周拓展活动、学校"塑造体育魂，追梦新时代"体育节活动、"恩是倾情播撒爱，同心共筑中国梦"教师节活动及读书节活动等，通过多姿多彩的活动，帮助特殊学生融入集体，保障学生的身心健康。

总之，学校将加强融合教育理念的培训，提升随班就读工作水平，按照"一个都不能少，一个也要做好"的原则来开展工作；克服困难，积极想办法为每个孩子提供适合的学习空间，把"阳光"撒到每个孩子的身上，让每一朵花绽放。

让墙壁"说话"，
使教育内化

　　走近临港一中，迎面而来的是校门口的告示和各种特色称号名牌；走进校门，大道两边是社会主义核心价值观的展示、党的创新理论、学校各条线成果展示的宣传栏等。尤其是教学楼墙壁上各式各样的提示语，更是成为校园中一道道引人注目的风景线。这些精心设计的提示语不仅提升了校园的整体美感，更是临港一中教育理念和校园文化的生动展现。作为学校管理者，我一直努力推动校园文化建设，巧妙运用墙壁装饰和设计，能为学生们营造一个积极向上、富有教育内涵的学习环境，使教育深入学生的日常生活之中。

　　临港一中的墙壁以独特的方式向学生传递着教育信息

上海市临港第一中学正门

学校"启园"及标志性雕塑

和社会主义核心价值观。在图书馆内，墙壁上悬挂的"步履轻盈，让书香更浓郁"的提示语，提醒学生保持安静、尊重他人，并暗示书籍的珍贵和知识的价值。教学楼走廊上张贴着"礼貌是心灵的窗户，微笑是世界的语言"的标语，倡导学生注重文明礼貌，以友善的态度待人接物。食堂墙壁上则张贴着"珍惜食物，感受生命的滋养"的提示语，引导学生珍惜食物，关注营养与健康。此外，操场上的"运动强健体魄，汗水浇灌梦想"的标语鼓励学生积极参与体育锻炼，为实现梦想付出努力。各个教室内也会看到如"学而时习之，不亦说乎""一寸光阴一寸金"等提示语，潜移默化中引导学生勤奋学习，珍惜时光，探索知识的奥秘。

学校主题文化墙

{ 案例分析 }

在当下的教育环境中，学校不仅仅是传授知识的殿堂，更是培养学生综合素质、展现学生精神风貌的重要场所。学校文化作为学校精神的核心，对于学生的成长和发展具有深远影响。而校园文化环境的营造，则是学校文化建设的重要组成部分。如何让学校的每一面墙壁都成为文化的载体，传递出学校的精神内涵和教育理念，就显得尤为重要。让墙壁"说话"是一种富有创意和教育意义的设计理念。临港一中通过墙壁的设计和应用，将创意与教育内容紧密结合，为学生们营造了一个富有教育意义和启发性的学习环境。这种设计理念不仅提升了校园的文化氛围，也有利于学生的全面发展和健康成长。

（一）学校墙壁作为文化载体的意义

学校的墙壁，是静态的空间，同时也是教育的延伸。当墙壁上挂满了富有创意和教育意义的画作、标语、照片等，它们便成了生动的教材，无声地向学生传递着积极向上的价值观和文化底蕴。这样的墙壁不仅能够美化校园环境，更能在潜移默化中影响学生的行为习惯和思想观念。

（二）强化学校校园文化建设的重要性

1. 塑造学校品牌形象

校园文化是学校品牌形象的重要组成部分，一个具有鲜明特色的校园文化能够提升学校的知名度，吸引更多优质的生源。

2. 促进学生全面发展

良好的校园文化能够为学生提供丰富多样的课外活动和学习资源，促进学生在知识、技能、情感态度等方面的全面发展。

3. 弘扬社会主义核心价值观

校园文化是学校弘扬社会主义核心价值观的重要阵地，通过开展校园文化活动，可以引导学生树立正确的世界观、

班级黑板报

人生观和价值观。

（三）让学校墙壁"说话"的实践做法

1. 创意墙绘

由美术老师负责组织师生共同参与墙绘创作，将社会主义核心价值观和学校的办学理念、校训、校史等内容融入其中，使每一面墙壁都成为学校文化的展示窗口。

2. 展示学生作品

由德育处发动各年级学生开展作品创作并开展作品征集。将学生的艺术作品、手工作品、摄影作品等展示在墙壁上，不仅可以增强学生的自信心和创造力，也能让墙壁成为学生风采的展示平台。

3. 设立文化标语

在学校的走廊、教室等地方悬挂富有哲理和教育意义的标语，如"勤学善思，创新超越""团结友爱，共同进步"等，以简洁明快的语言引导学生积极向上。

4. 打造主题文化墙

我们根据学校特色和教育目标，打造主题鲜明的文化墙，如科技墙、艺术墙、历史墙、"海洋文化"知识墙等，让学生在欣赏美的同时，也能接受到深刻的文化熏陶。

5. 定期更新内容

为了让墙壁保持一定的时效性和教育性，我们定期更新墙壁上的内容，使之与时俱进，紧跟时代步伐。

让学校墙壁"说话"，不仅是一种文化建设的手段，更是一种教育理念的体现。通过强化学校校园文化建设，我们不仅能够为学生创造一个更加美好的学习环境，更能在无形中引导学生健康成长，为他们的未来奠定坚实的基础。因此，我们应该充分认识学校文化建设的重要性，积极付诸实践，让学校的每一面墙壁都成为文化的载体，为培养一代又

校园文化墙

一代优秀人才贡献力量。

｛ 结论 ｝

　　总的来说，临港一中通过让墙壁"说话"，成功地将创意与教育内容相结合，为学生们营造了一个富有教育意义和启发性的学习环境。这种方式不仅提升了校园的文化氛围，也有利于学生的全面发展和健康成长。未来，我们可以进一步探索墙壁设计在教育领域的应用，让墙壁成为教育的重要载体。例如，可以通过引入更多的互动元素和创意设计，使墙壁提示语更加生动有趣、引人入胜；同时也可以结合不同的学科领域和教育目标，设计更具针对性和实用性的墙壁提示语。相信随着技术的不断进步和创意的不断涌现，墙壁设计将在教育领域发挥更加重要的作用，为培养更多优秀人才贡献力量。

优化育人环境，
滋养学生心灵

{ 案例背景 }

和教师们的日常交流中，时不时有教师提出："校长，我课上察觉到某个同学产生了不良情绪，甚至影响到其他同学上课了，我请他去办公室吧但办公室不一定有人照看，留在教室里又影响其他同学？""校长，这次温馨教室评比，我们班学生已经很努力了，您看讲台上有花有草，墙壁上有画有字，为啥分数那么低？""校长，我觉得教室就是上课的地方，没必要弄得花花绿绿，这样会分散上课注意力。""校长，现在上课，讲抽象的内容，有些同学不理解，安排动手实践有些同学收不住，两头不能兼顾，我也很苦恼啊……"

上海市临港第一中学和上海市浦东新区建平临港中学都

是年轻的学校，青年教师居多，当青年教师们提出自己的种种困扰时，我作为教育管理者，必须接过问题，提出方案，用实践来破解问题。

{ 案例分析 }

　　上述问题实质上均聚焦于如何构建一个优质的教学环境。教学环境主要由硬环境和软环境两部分构成，其中硬环境指的是物理空间环境，而软环境则是指课堂的学习氛围与环境。这两种环境在育人过程中均发挥着不可或缺的作用，当它们相得益彰时，更能够将单一的学习环境转化为真正的育人环境。

班级公告栏

马克思指出:"人创造环境,同样,环境也创造人。"著名教育家苏霍姆林斯基也曾提出:"让学校的墙壁也说话。"这一观点强调了环境对于育人的重要性。考虑到青少年的大部分时间都是在校园中度过的,因此,校园中的每一个角落、每一面墙壁都在潜移默化中影响着学生对自我和世界的认知。这种影响虽然看似无形,但它在整个教育教学体系中起着至关重要的作用。

每一间教室都是教学环境中的微观单元,而教师在教室内所创造的学习环境则是其教育教学理念的直接体现。这样的环境就像一面镜子,能够反映出教师是如何缜密、有目的

班级宣传栏

地安排教学工作的。

传统的校园布局和教学环境往往给人一种严肃、刻板的印象，如行列式排列的教学楼、长方形的教室以及整齐划一的桌椅等。然而，这样的环境并不完全符合新课标下对于学习环境的需求。在新课标的指导下，我们应致力于创造一个更加灵活、多样且充满活力的学习环境，以更好地促进学生的全面发展。具体解决办法和实施途径如下：

第一，有规划的设备配备。

考虑到学校的实际情况，我们的教室外走廊尽头可以设置两个软座的"缓冲区"，供教师一对一辅导学生，或者供个别学生调节心情、单独安静学习。这种供学生独自学习的小区域、小空间给学生自我心理调适提供了极大的便利。从某种程度上讲，这也是尊重学生的体现，不仅尊重个别需

班级植物角及宣传栏

要关爱的学生，也尊重了其他学生正常受教育的权利不被影响。

第二，有特点的文化墙。

文化墙设计就是一种环境育人的方式。无声的墙壁上可以容纳丰富知识营养的内容，能使有限的空间发挥无限的作用，让整个教室成为一本"活"的教科书，潜移默化地影响和启迪学生，陶冶学生的美好情操，营造浓郁的文化氛围。

首先，文化墙是教师对学生进行社会情感教育的体现。墙上既有激励学生努力学习的名人名言，用于同学之间正面互动交流的"肯定站"，吐露学生小小梦想的"许愿树"，也有许多规则，比如校规班规、点名表和值日生安排表。

其次，文化墙上少不了学科学习中所需的各种提示、概念要点、班级成员信息或者纪念品，同时我们鼓励教师适度"展示自我"，可以分享一些自己的能力证书、各种奖牌奖状，彰显自己特点的照片，这样既能拉近师生距离、促进师生感情，某种程度上也能促进教师不断自我成长。

最后，占据教室墙面最多空间的，一定是学生创作的作品如文章、绘画、标语等，不论作品质量如何，都有机会展示，体现每位教师对于记录学生学习过程的重视，以及激励学生的意识。

这样，教室的墙壁"开口说话了"，教师的个性特长、学生的特点及成就，就一览无余了。

班级宣传栏

第三，正面的宣传引导。

教室的墙壁，同样说出了对学生的期待。

我们认为学生应该在课堂上发声，能相互学习并懂得交流分享。应该给学生提供选择的机会，勇于去质疑和创新，因为从犯错中能学习到更多的知识和经验。学生应热爱学习，勇于面对困难的挑战以便于去发现创新的解决方法，也应当懂得如何自我评价，以便于成为更好的自己。

对于学生的合作学习，也有原则可循，那就是：

1. 在共同目的下相互支持和合作。

2. 应该考虑知道和明白了什么事以及怎样进行小组合作。

3. 每位小组成员通过贡献自己的力量来共同完成任务。

4. 通过相互支持来培养有效的小组合作方法，如学会认真倾听。

5. 通过面对面合作提高学生的参与度及成就。

第四，有高素养的教师。

对学生的期待，同时也意味着对教师的要求。对于一个注重深度学习的课堂和重视学生核心素养培养的师生学习共同体来说，教师必须是起示范作用的、受人尊敬的、真诚又热情的，也必须是专业的。一个高效课堂的指导者，必须能倾听学生的意见，关注每一位学生，也必须和学生结成学习共同体，相互尊重、一起协作；通过提出有效的问题来观察学生，探究学生的思维及学习状况，评估学生对于知识的理解，促进学生发现问题、解决问题能力的提高。教师是指导者，学生在学习中不是遵守规则，而是接受指导。要求学生在学习中遵守规则，就意味着强调老师的权威性，这压制了学生的质疑思维及创新意识，不利于学生核心素养的培养。

第五，有亮点的课堂教学。

"双新"背景下核心素养导向的课堂教学，注重学生全面发展，强调知识与能力的内在联系。课堂上，教师不应是单一的知识传授者，而是引导学生主动探索、合作交流的促

班级宣传栏

进者。学生在这样的课堂上，不再是被动接受知识的容器，而是成为积极思考、主动探究的学习主体。

核心素养的培养已成为教学的核心目标，教师必须通过设计真实情境、提出问题、组织讨论等多种方式，让学生在解决问题的过程中，不仅获得知识，更提升解决问题的能力，培养质疑思维和创新精神。这样的课堂充满活力，学生在轻松愉快的氛围中，不断提升自己的核心素养，为未来的学习和生活奠定坚实的基础。在新课标的要求下，我们倡导教师给学生提供能给他们未来助力的教学环境，相对于传统的课堂教学，我们积极倡导课堂教学中积极元素的可视性。

〔 结论 〕

经过我们一段时间的实践探索，结合对部分教师的深入访谈以及广泛的学生问卷调查，我们欣喜地发现，在多个关键领域，如学校归属感、自信心、成就感、班级集体荣誉感以及对未来的期待等方面，相关成绩均取得了显著的提升。这些成绩充分证明了我们的实践策略是有效的，也是值得继续坚持的。

然而，在实践过程中，我们也面临着一系列挑战。特别是教室育人环境与整个学校育人环境的匹配问题，需要我们在整个学校的环境育人作用上进一步深入打磨。这需要我们从各个层面进行周密考虑和规划，为所有学生和教师提供最为丰富和温暖的支持。

在环境育人的实践过程中，硬环境的建设固然重要，而软环境的营造对教师提出了更高的要求。教师的成长是一个长期的过程，需要长时间的积累和努力。从学校管理者的角度出发，我们将持续为教师搭建成长平台，创造发展机会，并建立相应的奖励制度，以激发和保障教师们的工作积极性和热情。我们将以此为契机，推动学校整体育人环境的持续优化和提升。

深化劳动教育，构建育人新形态

{ 案例背景 }

习近平总书记指出："劳动教育是中国特色社会主义制度的重要内容。要全面贯彻党的教育方针，坚持立德树人，把劳动教育纳入人才培养全过程。"教育部于 2020 年发布了《大中小学劳动教育指导纲要（试行）》，进一步凸显了新时代中小学劳动教育落实的紧迫性。

上海市临港第一中学始终坚守"润泽海洋文化，滋养师生生命"的办学理念，并与社会、学校及家长共同努力，以"立足劳动教育　构建育人心态"为主题，积极开展劳动教育系列活动。通过"班级执勤周""节日文化""职业体验""志愿服务"等多种形式，我们让学生亲身体验劳动的美好，培养他们热爱劳动的习惯，从小树立正确的劳动观念，使"劳动最光荣、劳动最崇高、劳动最伟大、劳动最美丽"的理念深入人心。

{ 案例分析 }

（一）班级执勤周

学校已将劳动教育正式纳入为期三年的发展规划中，并建立了全面实施的保障体系。为确保劳动教育能够覆盖全体学生，我们将利用班会课的时间举办劳动教育主题班会，并在升旗仪式上加入与劳动紧密相关的国旗下讲话环节。此外，学校还鼓励所有学生参与学校的日常管理工作，以主人翁的身份积极发现并解决校园问题，从而增强学生的自主劳动意识和自立精神。

为使学生能在实践中体验劳动的价值，学校特意设立了多个劳动实践岗位，包括"校门礼仪岗""用餐文明岗""校园卫生岗""景观维护岗"和"图书馆服务岗"等。德育部门与中队辅导员将携手合作，共同监督并管理每周执勤的中队。每周，各中队都将切实落实相关劳动岗位的任务，如进行大扫除和卫生检查等。大队部则会对各班的卫生状况和劳动岗位的表现进行考察，打分并记录在册，最终将结果公示于学校的宣传栏中。这一举措不仅与学生的流动红旗评选相

校园卫生岗

结合，更通过实际行动美化校园环境，使学生在执勤周活动中深化劳动观念，树立劳动服务意识和规则意识。

（二）节日文化

中国的传统节日作为中华民族深厚历史文化的重要构成部分，承载着丰富的历史内涵和文化价值。全面加强劳动教育在落实立德树人根本任务、促进学生全面发展中十分重要。结合"植树节""学雷锋纪念日""世界地球日""清明节""劳动节"和"端午节"等传统节日，学校根据学生的年龄特点和心理发展规律，制定了分年级、分层次的"家校联动 劳动育人"主题活动。

对于六年级的学生，我们鼓励他们将劳动付诸实践，以"食"为切入点，开展"'烹'然心动"厨艺小能手大比拼活动，

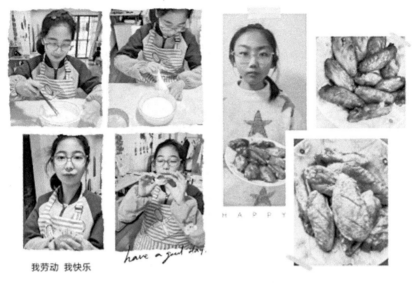

我劳动 我快乐

"'烹'然心动"厨艺小能手大比拼

旨在通过亲手制作美食，培养学生的劳动技能和独立生活能力。

对于七年级的学生，我们设计了"以奖传情"制作奖章活动，让他们将精心制作的奖章送给家中的劳动明星，并亲身参与家务劳动，以此表达对劳动者的敬意和感谢，同时也让他们体验劳动的快乐和成就感。

而对于八年级、九年级的学生，我们鼓励他们积极寻找生活中的最美劳动者，用镜头记录下每一位劳动者的最美瞬间，以此展现劳动之美，开展"影随心动"劳动摄影专题展。通过这些活动，我们期望能够让学生在参与劳动的过程中感受劳动的价值和意义，培养他们的劳动习惯和劳动精神，促进他们的全面发展。

（三）职业体验

传统劳动教育主要依托课堂教学、实习、家庭及校内劳动。然而，随着时代的进步，劳动教育已逐渐扩展为学校、家庭、社会三位一体的全面教育框架，且在形式上愈发多样化。学校积极引领学生深入大学、社区、农场等真实环境，深化劳动体验。为了帮助学生建立劳动观念与职业志向，学校充分整合临港新片区及其周边资源，组织多项富有创意与实践性的活动。学生们在大学中尝试杏仁膏捏塑"星黛露"、意式比萨制作、餐巾纸折花等技艺，体验 3D 打印、珠算等非物质文化遗产以及物流实训。此外，通过访问临港派出所、消防大队、党群服务中心等机构，学生们得以认识多样的职业角色，弘扬劳动精神，提升动手能力与实践智慧。在松江吾舍农场、田歌劳动实践基地等地，学生们参与"我是小农夫""打年糕""磨豆浆""采蔬果"等社会实践活动，学习植物知识，了解现代农业技术，鼓励他们在劳动中展现勤奋、诚实与创造力，从而促进校园文化的繁荣与中华传统美德的传承。

（四）志愿服务

志愿服务作为劳动教育的重要构成部分，其内在价值导向功能显著，有助于人的全面发展，且对个体参与现代社会治理具有积极的推动作用。学校紧密结合临港新片区的独

社区志愿活动

特地理环境，积极引导学生们亲近自然，参与"守护蔚蓝家园"的志愿清滩活动。在这一活动中，学生们在海滩上捡拾垃圾，以行动守护我们共同的家园。此外，学校还深入社区，通过实际行动展现学校学子的初心与使命、责任与担当。学生团员和少先队员代表积极参与"垃圾分类再出发"活动，充分利用周末及寒暑假时间，助力居民培养垃圾分类意识，致力于成为新时代垃圾分类和低碳生活的倡导者与实践者。此举不仅彰显了垃圾分类人人有责的社会责任感，更促进了人人参与、人人受益的共建共治共享新局面的形成。

{ 结论 }

新中国成立以来，劳动教育始终是我国教育体系中的重

要组成部分。然而，随着社会的快速发展和变革，劳动教育的内涵和外延也在不断变化和拓展。

学校的劳动教育特色育人体系注重实践性和创新性。学校充分利用校内外的育人途径，如实验室、实践基地、社区服务等，让学生在实践中真切体悟劳动的价值和意义。同时，学校还鼓励学生积极参与创新劳动，如科技发明、文化创意等，以培养学生的创新精神和实践能力。此外，临港一中还注重劳动教育的渗透性。学校将劳动教育融入各个学科的教学中，让学生在学习知识的同时，也能感受到劳动的价值和意义。这种渗透性的教育方式，不仅有助于增强学生的劳动意识，也有助于培养学生的综合素质。

劳动教育不仅是技能习得的过程，更是素养养成的关键环节。临港一中积极探索劳动教育的育人价值，注重劳动精神的榜样示范引领，形成了具有学校特色的劳动教育育人体系。这种体系不仅关注学生的技能培养，更重视学生的全面发展，包括德育、智育、体育、美育和劳动教育等多个方面。

总之，《大中小劳动教育指导纲要（试行）》的出台，为新时代劳动教育的发展指明了方向。学校积极践行新时代劳动教育理念，注重实践、创新、渗透的劳动教育方式，培养学生的全面素质，促进学生的健康发展。

以活动助力，
筑学生安全之堤

安全教育是学校高质量发展的重要组成部分，也是国家和社会赋予学校的重要使命。作为学校第一责任人，如何创造性地指导教师开展学生安全教育，提升安全教育成效是一

教师安全教育技能培训

项重要的工作和任务。

{ 案例分析 }

近两年，我们通过系统化和实践性的教育活动来推进学生安全教育，收到了很好的效果。这种教育形式能够确保学生在实际操作中巩固理论知识，在参与过程中积极思考和掌握安全知识。我们应当积极采用活动与实践相结合的方式来提升教育的实效性和互动性。通过模拟真实场景等，学生能够更加深入地理解安全知识的实际应用，从而在紧急情况下迅速作出反应。这种实践类的教育方式还有助于学生树立正确的安全观念，全面提升安全意识和自我保护能力，为他们的健康成长提供坚实的保障。

学生安全教育培训

（一）把安全教育融入校内活动中

将安全教育有机融入学校日常活动，可以持续增强学生的安全意识，并使他们通过亲身参与，切实掌握安全相关的知识和技能。我校积极推行安全主题日活动，每月开展消防逃生演练、急救技能竞赛、安全知识问答等多样化的活动形式，我们还鼓励学生积极参与制作安全宣传海报、编写安全剧本并进行表演等，以发挥他们的想象力和创造力，从多个角度深刻领会安全知识的重要性。

此外，我们还定期邀请消防员、警察、医生等专业人士为学生进行安全知识讲座，从专业人员那里学习理解安全知识，并学习如何在紧急情况下保护自己。这些讲座为学生提

急救教育培训

水上安全讲座

供了全新的视角和启示，有助于让学生更加珍视生命，关注安全。通过这些举措，我们可以将安全教育以更加吸引人的方式融入学校活动中，使其成为学校生活的重要组成部分。这种教育方式不仅能够增强学生的安全意识，还能使他们在实践中掌握安全知识和技能。

（二）把安全教育渗透到校园文化建设中

为了让安全教育真正内化于每个学生的心中，我们必须构建一个安全教育无处不在的学习环境。安全教育不应仅限于特定的日子或活动，而应渗透到教室的每个角落，成为学生日常生活不可或缺的一部分。

一方面，从教室环境的布置上着手，体现安全教育的核心理念。我们明确要求每个教室的墙壁上张贴安全知识的海报，如火灾逃生指南、地震应对方法等，使学生在日常学习过程中随时能够接触到安全知识。

另一方面，学校宣传园地和教室的黑板报定期更新安全教育的相关内容，以提醒学生关注安全，并持续增强他们的安全意识。部分班级还设立安全教育角，提供安全教育相关的书籍和资料，供学生在课余时间自主学习。

综上所述，学校将安全教育渗透到教室的每个角落，帮助学生在日常生活中关注安全、珍惜生命。通过这样的措施，让安全意识能够在学生心中生根发芽，从而增强他们的安全意识和自我保护能力。

安全体验馆

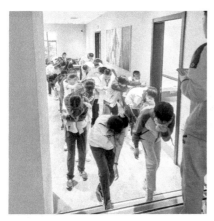

安全教育体验

（三）将安全教育渗透到学科教学活动中

我们强化各学科教学活动中安全教育的渗透，确保安全教育贯穿于教育教学的全过程。在历史课上，教师们通过讲述历史上的灾难事件，不仅让学生们了解到了这些事件的背景和影响，更重要的是，他们从中体会到了预防和安全的重要性。这种以史为鉴的教学方式，不仅让学生们对安全有了更深刻的认识，也激发了他们对于安全问题的关注。在科学课上，教师们通过教授自然灾害的形成和应对方法，让学生们在探索自然奥秘的同时，也学习到了如何面对自然灾害。这种将安全教育与科学知识相结合的教学方式，既让学生们感受到了科学的魅力，又增强了他们的安全意识。在信息技术教学过程中，我们不断强化网络安全知识教育。学校开设

安全教育班会课

了专门的安全教育课程，确保每个学生都能接受到系统的安全知识教育。这些课程涉及安全理论的学习和实践操作，使学生们能够掌握安全知识和技能，并能在实际生活中运用。

（四）把安全教育渗透到校外实践活动中

保障学生安全不仅仅是学校的责任，更需要社会各界的共同参与和努力。只有形成学校、家庭、社区和政府等多方共同参与的格局，才能更好地保障学生的安全。家庭是学生成长的重要环境，我们鼓励家长积极参与到学生的安全教育中来。通过亲子活动，如周末野营、家庭会议，暑假游学等

全方位育人篇

活动，让学生感受生命的意义以及安全的重要性，如何避免危险和应对突发事件，学会如何保护自己、保护家人。我们利用学校周边的优质教育资源，为学生安全教育提供更多的内容和途径。我们组织学生前往新城镇法院，由法官指导开展"模拟法庭"活动，在实践和活动中增长法治意识，提升

安全教育实训活动

新城镇法院"模拟法庭"活动

241

应对危险的安全防范能力。总之，保障学生安全需要社会各界的共同参与和努力。只有形成学校、家庭、社区和政府等多方共同参与的格局，才能更好地保障学生的安全。

｛结论｝

安全教育需要全方位融入，从理论到实践，从课堂到生活，从校内到校外。我们要让安全教育真正深入到每个学生的心中，才能更好地保障学生的安全，让我们携手合作，共同为孩子们的安全保驾护航。

后记

　　浇花浇根，育人育心。党的十八大以来，以习近平同志为核心的党中央坚持把教育作为国之大计、党之大计，作出加快教育现代化、建设教育强国的重大决策，推动新时代教育事业取得历史性成就、发生格局性变化。习近平总书记指出："培养什么人、怎样培养人、为谁培养人是教育的根本问题，也是建设教育强国的核心课题。我们建设教育强国的目的，就是培养一代又一代德智体美劳全面发展的社会主义建设者和接班人，培养一代又一代在社会主义现代化建设中可堪大用、能担重任的栋梁之才，确保党的事业和社会主义现代化强国建设后继有人。"

　　上海市临港第一中学和上海市浦东新区建平临港中学全面学习贯彻习近平新时代中

国特色社会主义思想和党的二十大精神，落实党和国家的教育方针、国家与上海中长期教育改革和发展规划纲要，围绕立德树人根本任务和为党育人、为国育才的根本目标，始终坚持学校"润泽海洋文化，滋养师生生命"和"让每一朵浪花同样澎湃"的办学理念，努力加强学校德育队伍建设，提高教师的德育能力，以爱国教育为主线，持续加强未思教育，积极拓宽德育渠道，构建校家社"三位一体"育人格局，助力学生健康成长。学校注重借助临港新片区的优质教育资源和平台，将聚魂凝心、人文润心、明德铸心"三心"融入学校管理工作中，深化学校全员育人导师制工作；通过学校"四节"活动、"新城新貌，共研共育"研学活动、"育见劳动之美，点亮成长底色"学生综合实践活动、大中小学同上一堂思政课活动等，不断丰富学校育人途径，厚植全体师生的家国情怀。

本书总结了上海市临港第一中学和上海市浦东新区建平临港中学在"大德育"建设工作上的一些做法和思考。主要从两校的学校管理及"三全育人"——全员育人、全程育人和全方位育人的角度，通过一些具体的实践案例及其分析，较为生动地呈现了在"大德育"视域下两校的校本实践历程。研究的过程充满了挑战，我越来越发现"大德育"建设这项工作，有着很多很有价值的地方

值得我们教育工作者继续探索。在成书历程中，我得到了许多人的帮助和支持。首先，我要感谢上海海事大学原校长陆靖先生为本书倾情作序；其次，我要感谢上海海事大学党委常委杨大刚先生、上海海事大学马克思主义学院副院长谢茜女士等领导与专家们为本书相关研究提供了众多理论和实践资源；再次，我要感谢学校德育工作者和一线教师们，他们积极响应"大德育"建设工作，根据学校特色，因地制宜、开拓创新地开展研究，并取得了优异的成果；最后，我也要感谢出版社的编辑老师为我的成书提供了不少有针对性的意见建议。正是有了大家的支持，我才能够克服困难、不断前进。

这本书的完成并不意味着终点，反而是新的起点。我将秉持着坚定的信念和不懈的追求，继续在"大德育"建设这个领域进行更深入的探索，为党的教育事业的发展作出更大的贡献。

上海市浦东新区南汇新城学区治理委员会主任

上海市临港第一中学党支部书记、校长

上海市浦东新区建平临港中学校长

图书在版编目(CIP)数据

育心行 : "大德育"视域下的校本育人实践 / 陆英
著. -- 上海 : 上海人民出版社, 2024. -- ISBN 978 - 7
- 208 - 19086 - 3

Ⅰ. G631

中国国家版本馆 CIP 数据核字第 2024QY4698 号

责任编辑 裴文祥
封面设计 谢定莹

育心行
——"大德育"视域下的校本育人实践
陆　英　著

出　　版　上海人民出版社
　　　　　(201101　上海市闵行区号景路 159 弄 C 座)
发　　行　上海人民出版社发行中心
印　　刷　苏州市古得堡数码印刷有限公司
开　　本　720×1000　1/16
印　　张　16
插　　页　2
字　　数　143,000
版　　次　2024 年 9 月第 1 版
印　　次　2024 年 9 月第 1 次印刷
ISBN 978 - 7 - 208 - 19086 - 3/G · 2196
定　　价　72.00 元